Coordenação:
Moabe Teles e Andréia Roma

RH na VEIA

As dificuldades e soluções, na teoria e na prática, por especialistas na área de GESTÃO DE PESSOAS

1ª edição

Editora Leader.

São Paulo, 2017

Copyright© 2017 by Editora Leader
Todos os direitos da primeira edição são reservados à **Editora Leader**

Diretora de projetos: Andréia Roma
Diretor executivo: Alessandro Roma
Marketing editorial: Gabriella Pires

Capa e diagramação: Roberta Regato
Revisão: Miriam Franco Novaes
Impressão: Forma Certa

Dados Internacionais de Catalogação na Publicação (CIP)
Bibliotecária responsável: Aline Graziele Benitez CRB8/9922

R661	RH na veia / [coord.] Andréia Roma, Moabe Teles. – -- São Paulo: Leader, 2017.
	ISBN: 978-85-66248-94-4
	1. RH. 2. Administração. 3. Gestão de pessoas.
	I. Teles, Moabe. II. Título.
	CDD 658

Índice para catálogo sistemático: 1. RH: administração; 2. Gestão de pessoas

EDITORA LEADER
Rua Nuto Santana, 65, 2º andar, sala 3
02970-000, Jardim São José, São Paulo - SP
(11) 3991-6136 / andreiaroma@editoraleader.com.br
Atendimento às livrarias:
Liliana Araujo / lilianaaraujo@editoraleader.com.br
Atendimento ao cliente:
Luana Silva e Rosângela Barbosa / contato@editoraleader.com.br

Agradecimentos

A cada livro finalizado, impresso, pronto para chegar às mãos dos leitores, vislumbro-os absorvendo em cada página, em cada frase, um mundo de conhecimento que poderá transformar sua vida. Tanto pessoal quanto profissional.

E, ao ter essa visão, sinto que valeu a pena o esforço de reunir todos esses profissionais em torno de um projeto que fará diferença na trajetória de muitas pessoas, que fará diferença no mercado editorial e, certamente, no desenvolvimento do nosso País.

Esta é uma obra da Editora Leader que apresenta a área de Recursos Humanos inserida no contexto das mudanças ocorridas nas últimas três décadas com a globalização. Mas isso só foi possível com a valiosa participação de cada um dos coautores, a quem agradeço por sua competência e, acima de tudo, generosidade em compartilhar seus conhecimentos.

Agradeço ao professor Moabe Teles, reconhecido profissional com atuação voltada primordialmente para Gestão Empresarial e Inteligência Organizacional, que ao meu lado assumiu a coordenação de mais este projeto da Editora Leader.

Agradeço, enfim, a todos que me apoiam e me motivam a empreender, e especialmente a você, leitor, por confiar no nosso trabalho e buscar em nossos livros o aprendizado essencial ao seu desenvolvimento.

Andréia Roma,
fundadora e CEO da Editora Leader

Índice

Prefácio..7

Introdução..8

1. Anderson Karan 11
Vocação como ponto de partida para uma carreira

2. Cláudia Regina Aguiar, Graziele Beiler, Karin Voigtlaender
e Sylvia Helena Soares..21
Liderança e motivação nas organizações

3. Francisco Dehon de Lima 41
**Departamento de Recursos Humanos ou
de Relacionamentos Humanos?**

4. Giomara L. Basso 51
**A resistência à mudança como fator restritivo
ao desenvolvimento organizacional**

5. Iêdo Flávio de Andrade Filho 61
Gestão de Pessoas na Administração Pública

6. José Mauro Alvim Machado..73
A ética profissional e o administrador de Recursos Humanos

7. Karine Rabelo 83
Práticas para reduzir o passivo trabalhista

8. Marcelo Antonio da Silva...91
Gestão estratégica no futebol

9. Maria Tereza Ettinger Oliveira 101
Competências na gestão de pessoas

10. Martha Barbosa Machado 113
Ser RH: um eterno aprendiz

11. Moabe Teles 123
O valor da Inteligência Emocional nos Recursos Humanos

12. Regina Lúcia Monteiro Matos 133
O RH em minha vida, minha vida no RH

13. Roberto Silvio Santos 141
Felicidade no trabalho. É possível alcançá-la?

14. Rogério Bohn 153
Obtendo resultados através da liberdade e da confiança

15. Rosa Maria Mendonça Lima Juraci e Frances Mendonça Lima da Silva . 161
O líder de pessoas: e quem cuida do líder?

16. Sara Isabel Behmer 171
Paixão por gente que faz

17. Suzy Dayse Vasconcelos 183
Coach, coachee e RH: ampliando a tríade da excelência

18. Thaís Ettinger 195
Entrevista comportamental com foco em competências: identificando o perfil certo

Prefácio

O convite para prefaciar este livro foi motivo de grande satisfação para mim, tanto em razão do autor quanto em razão da obra. O dr. Moabe Teles é um ilustre profissional com atuação voltada primordialmente para a temática de Gestão Empresarial e Inteligência Organizacional, sendo ainda uma referência regional na área de consultoria empresarial e financeira. Eu tive a oportunidade de conhecer o autor quando presidi o Tribunal Regional Eleitoral, ocasião em que passei a admirá-lo como profissional de grande conhecimento na área. O livro é destinado aos estudantes de graduação e de pós-graduação do curso de Bacharelado em Administração, bem como aos profissionais que atuam diretamente na área de Recursos Humanos, também conhecido como Gestão de Pessoas, que desejam alavancar suas carreiras com um valor agregado e diferenciais no mercado competitivo, tendo, portanto, caráter propedêutico. A estrutura do livro está dividida em abordagens dos desafios, das histórias e das dificuldades na prática vivenciadas pelos especialistas que compõem a presente obra, ainda, abordando soluções práticas por meio de *cases* reais. O resultado é uma publicação clara, didática e com viés interdisciplinar, que certamente preencherá uma lacuna importante no mercado editorial brasileiro. Por isso, meus parabéns ao Doutor Honoris Causa em Administração Moabe Teles e à Editora Leader pela importante contribuição na área de Gestão de Pessoas.

Desembargador **Cezário Siqueira Neto**
Presidente do Tribunal de Justiça de Sergipe

Introdução

A partir dos anos 90, com o fenômeno da globalização, assistiu-se a mudanças em todos os setores, notadamente no mundo corporativo e nos métodos de gestão das empresas. Foi imperativo que a área de Recursos Humanos, apesar da resistência de muitos profissionais e organizações, passasse por grandes transformações, para adaptar-se aos novos conceitos de administração surgidos. Uma das maiores mudanças acontecidas foi que o foco antes dirigido prioritariamente ao patrimônio material passou a apontar também para o capital humano. E isso exigiu o desenvolvimento de novas ferramentas de gestão, maior conhecimento sobre quais competências e habilidades os funcionários deveriam possuir para atender às novas exigências do mercado.

A proposta deste livro é abordar os desafios e as dificuldades da valorização do ser humano nos processos produtivos através do relato dos coautores. São especialistas da área de Gestão de Pessoas que compartilham *cases* reais e soluções práticas direcionadas a profissionais da área que desejam alavancar suas carreiras com valor agregado e diferenciais no mercado.

A coordenação é do professor Moabe Teles, reconhecido profissional com atuação voltada primordialmente para Gestão Empresarial e Inteligência Organizacional, administrador, contador, Master Coach, professor universitário, palestrante, escritor, jornalista, entre outras qualificações, e em seu capítulo no livro aborda "O Valor da Inteligência Emocional nos Recursos Humanos", pois acredita que as emoções sempre nortearão as relações humanas e determinarão a satisfação ou insatisfação do indivíduo na execução das suas atividades. De maneira bastante didática, ele aborda os desafios do século XXI quanto aos Recursos Humanos diante de um cenário que exige novas competências, aptidões e funções dos gestores.

Os coautores mostram que não existe uma fórmula única para a gestão de um grupo de pessoas, para recrutá-las ou motivá-las, mas demonstram que a prática da gestão de pessoas aliada a diversas teorias comportamentais resulta em excelentes resultados para as empresas.

Pode-se dizer que esta obra atende a uma exigência do mercado editorial, pois inova no sentido de atualizar os profissionais da área quanto a todas as alterações na gestão de pessoas ocorridas com a globalização e seus desdobramentos, um assunto que ainda não havia sido abordado de maneira tão didática e com uma visão tão ampla em outras publicações.

Vocação como ponto de partida para uma carreira

Anderson Karan

Músico profissional, membro da OMB e Life Coach certificado pela International Association of Coaching (IAC) e pela Sociedade Latino-Americana de Coaching (SLAC). Analista Assessment pela Atools. Baterista em shows nacionais/internacionais e gravações em estúdio. Coach, palestrante e treinador na Carreira&Gestão – Desenvolvimento de Competências, atuando como promotor do desenvolvimento e motivando pessoas na busca de seus resultados.

(11) 99664-9710
anderson@carreiraegestao.com
@coach_andersonkaran

Em um mundo onde as emoções não administradas causam tantas adversidades, minha experiência como músico, em ambiente de estúdios de gravação, acompanhando diversos artistas e me relacionando com inúmeras pessoas, não é diferente. É imprescindível desenvolver habilidades, competências e inteligência para alcançar uma carreira de sucesso.

Rotinas de viagens, horas sem dormir, cada dia em um lugar diferente, conviver com tipos de personalidades diferentes, regionalismos, humores e manter a motivação são grandes desafios em trabalhar com a arte de fazer música, que faz parte da minha essência e me traz um grande prazer.

Os fatores acima aliados à autogestão e desenvolvimento de minha carreira contaram com planos de ação para a sustentação do crescimento profissional, alcance de uma remuneração competitiva, aprimorar técnicas e exercer um papel de gestor de Recursos Humanos da minha própria carreira de músico é um desafio que exerço diariamente, e como sou movido por desafios, ouso dizer grandes desafios, trago neste capítulo um pouco da minha experiência em que Música e Recursos Humanos se encontram.

Muito antes de ter conhecimento sobre uma carreira, habilidades, competências e profissão abracei a minha... Cresci vendo meus tios multi-instrumentistas tocarem em bares e casas noturnas, mas aos sete anos de idade, em Aracaju, Sergipe, onde nasci, me deparei pela primeira vez com uma bateria, e fui convidado a conhecer o instrumento. Sentei-me e toquei.

Dessa maneira percebi minha vocação e eu a abracei com todo o desejo de fazer dela minha história de vida. Autores definem vocação como algo que nos sentimos impelidos a fazer independentemente da recompensa, porque exercitá-la é a própria recompensa. E movido pelo desejo de cada vez mais fazer música, superar os desafios que ela me apresentava, conhecer novas técnicas me deixei conduzir e assim desenhei minha carreira profissional.

O caminho usual que as pessoas buscam para desenvolver-se profissionalmente é: **Emprego > Carreira > Vocação**

Nesse caminho, **Emprego** é algo que se faz numa determinada jornada de trabalho em troca de remuneração, através dele é possível desenvolver e construir uma **Carreira**, em que promoções sistemáticas ao longo do tempo, por desempenho ou não, recompensam e bonificam através de cargo e remuneração um padrão superior de comportamento atingido pelo profissional, porém, a vocação nem sempre está presente.

Percebo, através de minha atuação, grandes profissionais, que exercem suas funções com muita propriedade e excelentes resultados, desmotivados com seu dia a dia, pois não encontram na realização do mesmo a presença de sua vocação, mas que devido ao tempo de exercício na função e investimento na carreira um recomeço se torna inviável.

Se por um lado há um reconhecimento de cargo, salário e estabilidade, por outro há aquela sensação de vazio, como se nada fosse capaz de preencher o desejo de ver algo realizado.

Escolher minha vocação como ponto de partida foi meu primeiro e enorme desafio para estabelecer e sustentar minha carreira e trabalho como músico.

O desenvolver das minhas habilidades e competências

Diante da instabilidade econômica do Brasil, em relação aos outros países viver de música é uma grande vitória. Realizar sonhos que um dia tive, tocar e gravar com inúmeros artistas do Brasil inteiro, viajar o mundo, relacionar-me com pessoas de personalidades diferentes, ao mesmo tempo em que é um desafio é extremamente prazeroso.

O desenvolver de habilidades e competências é diário, não somente para destacar-me como músico e sustentar a carreira, mas para rodar mais ou menos 5.000 quilômetros em uma semana, manter a motivação com poucas horas de sono, tocar como se aquele *show* fosse o primeiro da semana, manter a sinergia com os colegas de trabalho em alta, almoçar no Sudeste do país e jantar no Nordeste...

Somente a realização de uma vocação pode sustentar tantos desafios e, como todo desafio nos ajuda a crescer, quero discorrer sobre o desenvolvimento de habilidades e competências que a carreira me proporcionou.

Comecei na noite sergipana, em que tocava diversos estilos, minha primeira bateria foi consequência desses trabalhos, o que me permitiu ganhar popularidade e avançar um pouco mais na carreira, gerando convites para tocar com artistas regionais, em festivais e nas tradicionais festas de São João. Como resultado da dedicação e empenho, o que chamamos de boa *performance* em RH, estava me consolidando como músico regional e aos 17 anos já gravava em estúdios com diversos artistas.

Destaco como a primeira e impactante mudança minha ida para Salvador, Bahia, em 2000, onde permaneci por um ano e meio e então recebi um convite para ir para São Paulo através de um grande arranjador e maestro: Neldon Farias. Iniciei, assim, uma nova etapa na carreira profissional.

Não foram poucos os desafios dessa trajetória, porém, necessários para que eu alcançasse novos patamares. Ficar longe de familiares foi um desafio que muito me custou emocionalmente, estabelecer novos laços, a aceitação em um mercado novo de trabalho, viver longe da cidade onde nasci e me desenvolvi, me adaptar a um novo formato de gravações em estúdios onde era exigido um alto grau de conhecimento teórico, prático e técnico do instrumento me fizeram sair de uma zona de conforto, e desenvolver novas habilidades e conhecimentos.

A arte de tocar bateria envolve o desenvolvimento de conceitos que ultrapassam a vocação. Uma ferramenta básica para a *performance* de um bom baterista são os "rudimentos", que depois de compreendidos fazem toda diferença no tocar e agregam na qualidade, o que leva o músico a um novo patamar de profissionalismo, além de aprimorar conhecimentos gerais de ritmos regionais, nacionais e globais. Estar fixado em São Paulo permitiu esse desenvolvimento e pude estudar com excelentes especialistas em bateria.

Desenvolvi também uma melhor gestão do tempo... Em São Paulo o tempo corre rápido, o valor da hora de estúdio é alta, o que exige do músico uma competência ainda maior, ser ágil e qualificado e assim manter a carreira sustentável.

Uma carreira como resultado

Estratégia, plano de ação e foco no resultado me conduziram nesta busca e me mantiveram firme no caminho para a meta final: ser reconhecido nacionalmente como baterista.

O foco na conquista da meta me manteve firme no redesenho dos planos de ação, me aproximando das oportunidades, investindo em estudos cada vez mais avançados das técnicas no instrumento, sem desviar o olhar do meu objetivo e meu desejo enorme de realização pessoal e profissional.

Ser músico exige, além dos conhecimentos técnicos do instrumento, o desenvolvimento de competências essenciais para sustentabilidade da carreira: relacionamento interpessoal, comunicação, trabalho em equipe, objetividade, paciência e controle emocional

Reconheço que, além da minha vocação e o impulso de segui-la, somei ao objetivo a abertura para o desenvolvimento de habilidades e competências, o que me permitiu após 23 anos de carreira: mais de 2.000 músicas gravadas, 200 CDs, 20 DVDs, um Grammy Latino, além da possibilidade de motivar e desenvolver outros profissionais das mais diversas áreas na busca de seus objetivos e realizações profissionais (atividade que iniciei profissionalmente em maio de 2017).

Fazendo uso da Inteligência Emocional

Sonho sem esforço e sem abdicações não se realiza, e comigo não foi diferente. Músico é ser, é essência... e isso impacta em algumas áreas importantes da vida pessoal.

RH NA VEIA

Muitos pensam que a vida social de um músico é agitada, tem muitos eventos, convites, artistas. Realmente é assim, mas deixamos de participar da vida familiar em aniversários, casamentos, nascimentos de pessoas extremamente importantes, que torcem diariamente pelo nosso sucesso, vibram com nossas conquistas, mas como diz o ditado: "o *show* não pode parar", buscamos a motivação na alma, na vocação, esquecemos da foto em que não vamos sair ou do beijo que não vamos dar, colocamos o melhor sorriso no rosto e somos música.

A expectativa do músico é levar emoção ao público, que aguarda ansiosamente o dia de nos ver no palco de sua cidade, numa noite de sábado, depois das 22 horas, quando as crianças já estão na cama! E como nós somos música, muitas vezes trocamos o dia pela noite... ou não trocamos quando temos uma viagem que acontece na sequência e também porque precisamos deixar baixar a adrenalina do momento! Ouso comparar as horas pós-*show* ao momento daquela reunião importantíssima que o executivo preparou durante dias e chegou ao objetivo previsto. Dá para chegar em casa, ou melhor, no hotel, e dormir? Claro que não! Muitas vezes queremos celebrar!

Não preciso dizer que o cansaço das viagens, noites em hotel ou ônibus, sono prejudicado, uma dose de autocrítica de um profissional que não se contenta com o bom, somado a: vínculos sociais que fora desses ambientes passam a ser os mínimos, dificuldade em estabelecer relações de amizades fora do trabalho, amizades que estão distantes, família e compromissos que optamos por abrir mão podem gerar um desequilíbrio emocional se não forem bem gerenciados.

Passando muito tempo "fora de casa" com viagens, a vida afetiva fica de certo modo "comprometida" e sujeita a agendas, que são inadiáveis. É preciso compreensão e entendimento do outro e, de certa forma, engajamento com nossa meta.

Quantos desafios sem fórmula pronta, nem metodologias em livros...

Eu, RH em ação, busquei minha maneira para manter em equilíbrio meu emocional e alavancar minha automotivação, o que também pede uma boa dose de autoconhecimento e disciplina.

A rotina frenética não ajuda muito na questão alimentar, cada dia uma hora diferente para refeições, fazer atividades físicas junto com uma dieta também gera um esforço maior e nem sempre cumprido.

Prezo pela Qualidade de Vida e pela Saúde e para isso procuro manter uma rotina de exercícios diários mesmo estando longe da minha academia. Busco alternativas nas cidades e municípios em que estamos hospedados, caso o hotel não ofereça essa estrutura e geralmente somos recebidos com muita hospitalidade. Dessa maneira consigo manter os resultados saudáveis.

Em relação à alimentação também busco manter um equilíbrio! Água não falta em minha dieta e mantenho rigorosamente minha hidratação com 2 litros de água por dia. Também levo comigo uma mala térmica, onde conto com minhas doses diárias de proteína, frutas, *nuts* e alimentos pobres em sódio e açúcares. Nos restaurante minha opção é sempre integral, colorida e pouco saturada.

Os fatores acima desenvolveram em muito minha inteligência emocional que Harvard nos conceitua como *"uma ferramenta básica que, empregada com eficiência, é a chave para o êxito profissional"*.

Fatores como autoconsciência e autodisciplina me levam a perceber as emoções que apoiam meus pensamentos e compreendê-los, favorecendo o equilíbrio de conflitos pessoais e intrapessoais, me conduzindo à visualização dos ganhos do meu propósito de vida.

Os ganhos!! E como não falar deles, se eles são a grande evidência!!

As realizações, alegrias e motivações são termômetro para medir a realização pessoal e profissional, que no meu caso vêm se somando sempre.

Como pessoa, tenho crescido nas relações, sejam elas profissionais ou sociais, através de conhecimentos gerais, estudo do comportamento humano, entendendo como decifrar pessoas. Busco constantemente desenvolver novas habilidades e adquirir muito mais saberes de como atuar, ministrar, ouvir, observar e, agora, compartilhar esses saberes que ultrapassam a bateria.

A principal meta alcançada que era me tornar um baterista profissional ao longo dos anos foi e é uma grande realização, reconhecimento dos demais profissionais da área e dos meus "mestres" no instrumento é algo que ultrapassa a meta atingida e me faz perceber que quando se sabe aonde se quer chegar não vale qualquer caminho, tem que planejar!!

Penso que quando fazemos o que amamos o ganho financeiro é uma consequência. A realização financeira é uma meta atingida também, poder adquirir independência, comprar aquilo que sempre foi um sonho, instrumentos relativamente caros, construir família, continuar investindo em conhecimento, ajudando a quem precisa. É uma alegria enorme.

As viagens pelo mundo me agregam um conhecimento sem igual, conhecer novos países e culturas – algumas nem sonhadas -, tocar com uma infinidade de cantores e artistas, gravar seus discos, participar de projetos que concorreram e ganharam o Grammy Latino, viajar por tantos lugares diferentes várias vezes por ano... Tudo isso e mais! Inspirando pessoas, sejam bateristas ou outros músicos, pessoas de diferentes áreas de atuação de negócios, repensar como vivemos no Brasil em relação aos outros países, os valores de vida, o que realmente importa e o que tem sentido são ganhos inimagináveis e para mim uma vida inteira ganhando e ganhando...

Eu sempre me recusei a aceitar que a vida que levamos e que vivemos acabe aqui: vivendo para si mesmo. Sempre procurei um sentido para o que faço ou deixo de fazer, pois para mim a vida está além do agora, do material. Creio que a certeza, a intuição, aquilo que sabemos dentro de nós e nem ao menos sabemos por que sabemos está além da materialidade e por muitas vezes isso foi meu indicador em minhas relações, minha carreira e creio que por toda a vida.

Cláudia Regina Aguiar, Graziele Beiler, Karin Voigtlaender e Sylvia Helena Soares

Liderança e motivação nas organizações

Cláudia Regina Machado Aguiar

<u>Cláudia Regina</u>: administradora graduada pela Universidade Tiradentes (1998), pós-graduada em Administração Hospitalar pela Fundação Getúlio Vargas (FGV); advogada graduada em Direito pela Universidade Tiradentes (2003), pós-graduada em Direito Civil e Processo Civil pela FGV; responsável pelo departamento administrativo e financeiro da Kaizen Dermatologia & Cirurgia Plástica Ltda. – Clínica Kaizen; membro da Comissão da Defesa da Mulher da Ordem dos Advogados de Sergipe – CDDM; advogada do Escritório Machado Aguiar Advocacia.

Graziele Beiler

<u>Graziele</u>: catarinense, formada em Administração Gestão Empresarial pela FURB – Universidade Regional de Blumenau, pós-graduada em Educação a Distância: Gestão e Tutoria, pós-graduada em Administração de Pessoas e MBA em Gestão Empresarial de Pessoas pelo Centro Universitário Leonardo da Vinci (Uniasselvi). Mestre em Administração: Gestão Moderna de Negócios pela FURB. Experiência de dez anos no ramo da educação superior presencial e EAD (privada e pública). Atualmente é empresária e diretora pedagógica do Instituto Magister de Ensino Superior – Imesu, fundado em 2017 junto com três sócios.

Karin Voigtlaender

<u>Karin</u>: formada em Ciências contábeis na FURB - Universidade Regional de Blumenau e pós-graduada em Gestão Estratégica Empresarial no ICPG/Blumenau/SC. Atua na empresa Cativa Têxtil, na cidade de Pomerode/SC, há 19 anos exercendo função de supervisora no setor Financeiro, atuando na área de análise de crédito e cobrança.

Sylvia Helena de Almeida Soares

<u>Sylvia Helena</u>: graduada em Administração de Empresas pela Universidade Tiradentes (1996). Membro fundadora da Academia de Ciência da Administração de Sergipe. Tem experiência nas áreas de Administração, Finanças, Gestão Pública, Recursos Humanos. Professora e consultora comercial na área educacional.

O tema liderança e motivação tem sido muito discutido dentro das organizações como aspecto de maior produtividade. Apenas um bom salário já não atende mais aos anseios dos funcionários, e sim, uma série de atitudes voltada para a valorização e a autorrealização no ambiente de trabalho. Este estudo tem como objetivo identificar o conceito de motivação, como é aplicada dentro das organizações e sobre a liderança que está envolvida constantemente com mudanças, tendo o privilégio de poder motivar seus subordinados para extrair o melhor de cada um, atingindo resultados cada vez mais satisfatórios, agregando valor e fazendo com que a equipe atinja um nível mais elevado de eficiência. A metodologia é caracterizada como bibliográfica e, após a análise de vários autores, pode-se concluir que o líder contribui fortemente para a motivação dos empregados, mas a vontade de querer mais, de buscar a realização dos sonhos e entusiasmo para dar o melhor de si vêm de cada um.

Introdução

O tema motivação no trabalho pode ser considerado como recente, porque antes da Revolução Industrial utilizavam-se somente as punições, gerando um clima de medo entre os trabalhadores. Eles eram manipulados, tratados como objetos, instruídos sobre como e quando fazer, sem a chance de opinar ou sugerir mudanças no trabalho. Dessa forma a criatividade era totalmente ignorada e somente era levado em consideração o parecer dos "superiores".

Com a chegada da Revolução Industrial, começou-se a falar em motivação e recompensas para incentivar a produtividade. As pessoas continuavam sendo manipuladas, mas de uma forma diferente. As organizações perceberam que o ser humano no trabalho é mais complexo do que se esperava e passaram a fazer com que os empregados sentissem a sua utilidade e importância, porque apenas bons salários não eram mais suficientes.

Os trabalhadores passaram a exigir participação nas decisões, deixando de ser simples peças. Hoje, o reconhecimento e satisfação das necessidades sociais estão em alta e os funcionários passaram a ser o principal ativo, o capital intelectual das organizações e o departamento de Recursos Humanos foi desenvolvido especialmente em função deles.

Um dos maiores desafios das empresas atualmente é ter pessoas motivadas, satisfeitas e felizes. Inúmeras pesquisas vêm sendo elaboradas e diversas teorias tentam explicar o que leva as pessoas a agirem para alcançar seus objetivos.

> A partir dos vários estudos realizados no século XX e início do século XXI, podemos observar que a industrialização da sociedade, o desenvolvimento da automação, as tarefas repetitivas e rotineiras, a divisão do trabalho, a importância dada à burocracia conduzem os indivíduos à insatisfação e à sensação de alienação em seus trabalhos. (SILVA; RODRIGUES, 2007).

Quem toma a frente para buscar essa motivação e o empenho das pessoas é o líder. Presente em todas as organizações e departamentos, precisa de múltiplas capacitações para conduzir os funcionários a desenvolver o trabalho em equipe, inovar, tomar a frente de novos projetos, ensinar mas também aprender, ter conhecimento técnico da área em que atua, potencializar o crescimento dos liderados e da organização, assumir responsabilidades e tomadas de decisões. A figura do chefe que dá ordens e cobra o cumprimento delas está totalmente fora de foco, conforme cita Neto (2010):

> A gerência tradicional, do tipo que centraliza a atividade pensante e delega o operacional, dando ordens e controlando todo o tempo, caiu de moda. Num mundo cada vez mais voltado para os valores individuais,

em que se busca muito além da aptidão física dos colaboradores, uma nova forma de dirigir empresas se impõe. (...) Esperava-se, do líder de ontem, que ele *aprendesse pela organização*, deixando ao restante da equipe a tarefa de apenas realizar. Demanda-se, hoje, uma liderança que procure entender e acelerar o processo de aprendizado organizacional, permitindo e incentivando o pensamento e a ação integradora em todos os níveis. Sai o chefe que assegura o cumprimento de metas quantitativas de produção, entra o condutor de pessoas, capaz de tirar delas o que têm de melhor, em benefício delas próprias, na medida em que realizam seus potenciais, e da organização com que colaboram. (NETO, 2010, p. 1).

Este estudo nasceu da necessidade de buscar informações sobre o tema para a aplicação no dia a dia e também para levar conhecimento aos demais líderes ou pessoas que pretendem exercer cargos de chefia. A importância deste estudo se dá pelo fato de que as empresas buscam gestores cada vez mais qualificados e eficientes para entusiasmar a equipe a atingir os resultados esperados, porém não conhecem os conceitos e definições das características que um líder deve possuir para motivar sua equipe.

Como ser um líder exemplar? Como motivar os funcionários e como manter um ambiente motivador em toda a empresa? Por que as pessoas trabalham? O que faz algumas pessoas darem o máximo de si no trabalho? A busca de informações para responder a esses questionamentos foi realizada em livros, revistas e em *sites* da *internet*. A pesquisa se caracteriza como bibliográfica e tem por objetivo apresentar uma definição de liderança, assim como levantar as principais habilidades e estilos que auxiliam e capacitam as pessoas a exercer cargos de chefia, pois não é qualquer empresa que fornece treinamento interno e a qualquer hora pode surgir a oportunidade de crescimento. Na continuidade, fala-se sobre a motivação que é um desafio para as organizações e por isso é amplamente estudada e pesquisada por vários autores. Na terceira parte está a conclusão do estudo e por fim as referências bibliográficas utilizadas.

Fundamentação teórica

Na fundamentação teórica serão abordados inicialmente alguns conceitos de liderança que mostram exatamente o que as organizações e funcionários esperam do líder.

Os estilos de liderança citados são teorias que estudam os comportamentos do líder em relação aos subordinados, aquilo que faz e seu comportamento para liderar.

As habilidades são características e atitudes essenciais ao líder para conquistar a confiança das pessoas da equipe que coordena. O *feedback* também é abordado por ser um procedimento igualmente importante para manter a comunicação dos resultados e do que se espera de cada colaborador.

Não existe um conceito padrão de motivação, por isso são descritos vários autores com suas teorias, para mostrar que as pessoas podem ser estimuladas, cada uma à sua maneira.

Como não existe nenhuma fórmula e os motivos de satisfação podem ser os mais diversos e diferentes de pessoa para pessoa, os fatores motivadores são alguns motivos identificados ao longo da pesquisa que os líderes podem trabalhar para melhorar o ânimo da equipe.

Definição de liderança

Existem diversos conceitos de liderança e praticamente todos citam alguns elementos-chave como "trabalho em grupo", "influenciar pessoas" e "atingir resultados".

Para Chiavenato (1999), a liderança é uma forma de influência. A influência é uma transação interpessoal em que uma pessoa age para modificar ou provocar o comportamento de outra pessoa, de maneira intencional.

John C. Maxwell (2008, p.13) dá um parâmetro bem abrangente na definição de liderança:

- Disposição de assumir riscos.
- Desejo apaixonado de fazer diferença.

- Sentir-se incomodado com a realidade.
- Assumir responsabilidades enquanto outros inventam justificativas.
- Enxergar as possibilidades de uma situação enquanto outros só conseguem ver as dificuldades.
- Disposição de se destacar no meio da multidão.
- Abrir a mente e o coração.
- Capacidade de subjugar o ego em benefício daquilo que é melhor.
- Evocar em que nos ouve a capacidade de sonhar.
- Inspirar outras pessoas com uma visão clara da contribuição que elas podem oferecer.
- Poder de potencializar muitas vidas.
- Falar com o coração ao coração dos liderados.
- Integração do coração, da mente e da alma.
- Capacidade de se importar com os outros e, ao fazer isso, liberar as ideias, a energia e a capacidade dessas pessoas.
- Sonho transformado em realidade.
- Coragem.

O líder exerce influência no seu grupo para que façam o que ele deseja, conduzindo-os na direção que sozinhas não seguiriam, deve mostrar oportunidades de crescimento e desenvolvimento profissional e pessoal, incentivar, mostrar que é possível, colocar a equipe em condições de avançar e também aprender com os erros.

> A responsabilidade pelo desenvolvimento das pessoas recai sobre o líder. E isso significa mais do que apenas ajudá-las a adquirir habilidades profissionais. Os melhores líderes ajudam os liderados não só em relação à carreira, mas também em relação à vida pessoal. Eles os ajudam a se tornar pessoas melhores, e não apenas bons profissionais. Os líderes potencializam os liderados. E isso é muito importante, pois promover o crescimento das pessoas gera crescimento para a organização. (MAXVEL, 2008, p.96).

O autor Gaudêncio (2009, p.15) faz a seguinte explicação em seu livro "Superdicas para se tornar um verdadeiro líder":

Costumo definir o líder mostrando, em dois momentos distintos, o que ele é essencialmente:

O líder sabe o que quer. Ele tem um sonho.

O líder quer o que sabe. Para ele, o importante é a concretização do sonho, não a glória de fazê-lo. Por isso ele compromete os outros com seu sonho, de tal forma que, depois de algum tempo, as pessoas estarão atrás do sonho, não mais do líder. (GAUDÊNCIO, 2009, p.15)

Conforme a citação, o líder é considerado um grande influenciador, envolvendo e conduzindo a equipe a lutar pelas mesmas causas.

Estilos de liderança

Os estilos de liderança se desenvolvem em cada gestor de acordo com as características individuais e conforme a cultura das pessoas e da organização. No quadro abaixo o autor Chiavenato (2000, p.137) faz uma comparação entre três estilos de liderança e descreve as principais características do líder, a forma como aborda as tarefas e como age com os subordinados.

Autocrática	Democrática	Liberal *(laissez faire)*
• O líder fixa as diretrizes, sem qualquer participação do grupo.	• As diretrizes são debatidas e decididas pelo grupo, estimulado e assistido pelo líder.	• Há liberdade total para as decisões grupais ou individuais, e mínima participação do líder.
• O líder determina as providências para a execução das tarefas, cada uma por sua vez, na medida em que se tornam necessárias e de modo imprevisível para o grupo.	• O grupo esboça as providências para atingir o alvo e pede aconselhamento do líder, que sugere alternativas para o grupo escolher. As tarefas ganham novas perspectivas com os debates.	• A participação do líder é limitada, apresentando apenas materiais variados ao grupo, esclarecendo que poderia fornecer informações desde que as pedissem.
• O líder determina a tarefa que cada um deve executar e o seu companheiro de trabalho.	• A divisão das tarefas fica a critério do grupo e cada membro tem liberdade de escolher seus companheiros de trabalho.	• A divisão de tarefas e escolha dos colegas fica totalmente a cargo do grupo. Absoluta falta de participação do líder.

• O líder é dominador e é "pessoal" nos elogios e nas críticas ao trabalho de cada membro.	• O líder procura ser um membro normal do grupo, em espírito. O líder é "objetivo" e limita-se aos "fatos" nas críticas e elogios.	• O líder não avalia o grupo nem controla os acontecimentos. Apenas comenta as atividades quando perguntado.

Quadro: Comparação entre os três estilos de liderança.
Fonte: Chiavenato (2000, p.138)

Qual dos estilos citados é o ideal?

O líder que souber utilizar os diversos estilos poderá escolher, com bom senso e competência, qual é o mais adequado para cada situação. Chiavenato (2000, p.140) afirma que ,"na prática, o *líder* utiliza os três processos de *liderança*, de acordo com a situação, com as pessoas e com a tarefa a ser executada".

Dependendo da situação e da necessidade, poderão ocorrer adaptações que levam ao surgimento de novos estilos, como por exemplo, o estilo visionário.

> Os líderes visionários são cada vez mais valorizados num mundo que se transforma a cada instante. Mas, ao contrário do que alguns imaginam, eles não nascem com uma bola de cristal na mão. Tanto quanto ser líder, ser visionário é uma capacidade a ser aprendida. (...) São pessoas capazes de visualizar o futuro e antecipar produtos ou serviços que vão ser desejados no futuro pelos mercados mais lucrativos, gerando oportunidades para si próprias, suas organizações e para aqueles que lideram. (GAUDÊNCIO, 2009, p.87).

De acordo com Filion (1999, p.19),

> (...) o empreendedor caracteriza-se por ser uma pessoa criativa, marcada pela capacidade de estabelecer e atingir objetivos e que mantém alto nível de consciência do ambiente em que vive, usando-a para detectar oportunidades de negócios. Um empreendedor que continua a aprender a respeito de possíveis oportunidades de negócios e a tomar decisões moderadamente arriscadas que objetivam a inovação continuará a desempenhar um papel empreendedor. (FILION, 1999, p.19).

Importante para o desenvolvimento e sobrevivência das empresas, o líder visionário é capaz de enxergar oportunidades onde ninguém as vê, realiza adaptações e mudanças necessárias, com a finalidade de desenvolver, crescer e melhorar a empresa.

Habilidades do líder

Como nem sempre o sol brilha, o líder precisa mostrar suas habilidades também nos momentos difíceis, porque nem todas as tomadas de decisão agradarão a todos. Em outras palavras, podemos dizer que é necessário colocar o "coração" naquilo que se faz para que haja motivação para continuar quando os outros já desistiram.

> Do que o líder precisa para ser bem-sucedido? Paixão. A paixão é o que distingue o extraordinário do comum. Quando relembro minha carreira, reconheço que a paixão me capacitou a fazer o seguinte: acreditar no impossível, sentir o inesperado, tentar o inaudito, realizar sonhos, conhecer, motivar e liderar pessoas. (MAXWELL, 2008, p.59).

Maxwell (2008, p.109) ainda cita uma relação de habilidades que os líderes potenciais demonstram possuir:

> Capacidade de adaptação: ajustam-se rapidamente às mudanças.
> Discernimento: compreendem quais são as questões mais importantes.
> Perspectiva: enxergam além do ponto em que estão.
> Comunicação: interagem com as pessoas de todos os níveis da organização.
> Segurança: confiam no que são, e não no cargo que ocupam.
> Disposição para servir: fazem o que for necessário.
> Iniciativa: encontram maneiras criativas de fazer as coisas acontecerem.
> Maturidade: colocam a equipe em primeiro lugar.
> Persistência: mantêm consistência em termos de caráter e competência a longo prazo.
> Confiabilidade: são dignos de confiança naquilo que é mais importante. (MAXWELL, 2008, p.109).

A liderança não se desenvolve de uma hora para outra, exige perseverança e um pequeno progresso a cada dia. Algumas das principais características e ações identificadas ao longo da pesquisa foram estas:

Relacionamento

Para ter um bom relacionamento com os membros da sua equipe, é fundamental que tenha conhecimento das competências de cada um, os limites, seus pontos fortes e fracos, seus motivos e necessidades. Assim, o gestor vai saber o que se passa no coração dos liderados e conhecer as condições pelas quais pode motivar e alocar cada um dentro dos processos, ajudando-os a alcançar o melhor de seu potencial.

Gaudêncio (2009, p.45) argumenta: "Estou convencido de que a afetividade é o verdadeiro cimento das nossas instituições e se manifesta na forma de companheirismo e amizade".

Passamos a maior parte do tempo na empresa e o líder é responsável pelo entrosamento dos membros da equipe. Os integrantes precisam trabalhar para o bem do grupo, contribuindo e complementando as atividades, valorizando e respeitando um ao outro.

Saber ouvir

Maxwell (2008, p.68) explica que "saber ouvir sempre gera bons resultados. Quanto mais você sabe, melhor você se torna. (...) Quando os líderes ouvem, eles têm acesso ao conhecimento, às percepções, à sabedoria e ao respeito dos outros".

O líder precisa ter uma grande capacidade para entender e conhecer seus liderados, suas opiniões e ideias, para isso é preciso ser paciente para ouvir primeiro e falar depois. Concentrar-se em quem está falando e evitar distrações, por exemplo, ouvir alguém e ler *e-mail* ao mesmo tempo são coisas que não funcionam.

Humildade

No *site* portal-gestão.com o autor Nogueira (2010) sugere algumas dicas para desenvolver a humildade:

> 1. Pensar nos membros da equipe como mais conhecedores das suas tarefas do que nós próprios. Nem sempre o que nós pensamos e fazemos é melhor do que o que os outros pensam ou fazem;
> 2. Engolir o orgulho, não entrar num concurso de perfeição. Por vezes,

devemos parar de falar e deixar que a outra pessoa fique com a atenção toda. Esta estratégia tem o poder de "abrir" as pessoas;

3. Dizer: "Tens toda a razão";

4. Procurar a opinião dos outros (colegas e subordinados) em relação ao seu estilo de liderança. É preciso humildade para colocar esta pergunta. E ainda mais humildade para ouvir a resposta;

6. Dar o exemplo. Encorajar a prática da humildade na empresa: de cada vez que partilha o crédito do sucesso com outros, está a reforçar esta qualidade junto dos seus colaboradores. Pense em aconselhar ou formar potenciais líderes em relação a esta característica essencial para a liderança. (NOGUEIRA, 2010).

O líder demonstra humildade quando assume que não é dono da razão e admite que pode aprender com as opiniões alheias.

Autoconhecimento

Para Gaudêncio (2009, p.50), "só é possível aceitar o outro se eu me aceitar, e só posso me aceitar se me conhecer. Daí a atualidade do preceito socrático: conhece-te a ti mesmo".

É o conhecimento que o líder tem de si mesmo para administrar as dificuldades e usar os pontos fortes a seu favor. Está ligado à autoconfiança que torna possível o desenvolvimento humano, agir, mudar, transformar e conquistar aquilo que deseja. O autocontrole também segue a mesma linha de raciocínio, pois permite superar mais facilmente alguns obstáculos e melhorar o relacionamento.

Confiança

Ingrediente importante em qualquer relacionamento, o líder busca confiança na sua equipe, mas antes de qualquer coisa precisa ser confiável, digno de crédito e sincero. Segundo Maxwell (2008, p.94), "na condição de líder, você nunca deve esperar a lealdade dos outros antes de construir um relacionamento e conquistar a confiança".

Essa confiança se estabelece principalmente quando o líder cumpre com suas promessas e age com integridade, que é sentir, pensar, agir e falar da mesma forma. Uma dica importante é prometer somente o que se pode cumprir.

Coragem

"A primeira característica emocional do líder é a coragem, necessária, sobretudo, no processo decisório." (GAUDÊNCIO, 2009, p.23).

Ter coragem é arriscar, mudar, fazer algo diferente. Liderar é um ato de coragem porque envolve a tomada de decisões para a resolução dos mais diversos problemas. Administrar e lidar com pessoas também não é uma das tarefas mais fáceis e constantemente o líder deverá ceder e negociar para manter um ambiente saudável.

Saber delegar

(...) a delegação é fundamental para o bom funcionamento de uma equipe. (GAUDÊNCIO, 2009, p.36).

O líder precisa confiar nos funcionários para que as tarefas e responsabilidades sejam delegadas, observando o que é adequado para cada um. O treinamento e acompanhamento é o próximo passo, muito importante para o sucesso na execução das atividades e para futuramente delegar maior responsabilidade.

Comunicação

Para Chandler e Richardson (2008, p.74), "agora, mais do que nunca, a comunicação está no nosso sangue. É o componente vital de toda empresa. (...) Uma boa comunicação origina confiança e respeito".

Passar e receber informações, para líder e liderados estarem "por dentro de tudo" e saber o que está acontecendo. Uma boa comunicação estabelece confiança e respeito para ambas as partes. Quando houver alguma mudança, o líder deve passar as informações pessoalmente, não deixar que as novidades sejam transmitidas por terceiros.

Dar *feedback*

Gaudêncio (2009, p.41) considera o *feedback* "imprescindível no desenvolvimento do papel profissional".

Todos precisamos de *feedback*. Assim como um cozinheiro sempre quer saber se a comida está gostosa, em todas as áreas existe a necessidade de obter um retorno relatando se o trabalho está de acordo com o desejado e opiniões sobre como pode ser melhorado. É um bom momento para o líder conhecer melhor os pontos fortes e fracos da sua equipe e ouvir opiniões sobre o próprio desempenho.

Estudar

"A partir do momento em que você para de aprender, também para de liderar. Se quer liderar, precisa aprender. Se pretende continuar liderando, não pode parar de aprender." (MAXWELL, 2008, p.142).

Estar em contínuo aprendizado significa que está trabalhando para se tornar melhor do que pode ser. Além de buscar sabedoria e autodesenvolvimento, o líder deve compartilhar o seu conhecimento e ser treinador, facilitador, professor e aprender junto com os subordinados. Se o líder cresce, os liderados também se desenvolverão.

Motivação

O que é motivação, como sentir-se motivado e como influenciar os outros?

A palavra motivação vem do latim *movere* e significa mover. É um processo essencial na vida de qualquer pessoa. Também pode ser definida como uma força pela qual os profissionais desenvolvem bem suas atividades para que sejam promovidos e valorizados. (CRISÓSTOMO, 2010).

As pessoas não fazem as mesmas coisas pelas mesmas razões, cada ser tem seus objetivos, todos são diferentes e possuem necessidades diferentes que podem mudar de tempos em tempos: conquistar aquilo que deseja, saber aonde chegar, ter as próprias metas. A pessoa motivada não desanima facilmente mediante algum problema, ela segue em frente e dá o melhor de si para conquistar seus sonhos.

Não se pode comprar entusiasmo ou dedicação e ainda não foi definida nenhuma fórmula que indique como conquistar essa difícil tarefa e hoje um dos principais desafios do líder é inspirar os funcionários, não apenas cobrar resultados.

Vários autores elaboraram suas teorias sobre o tema. São diversos pensamentos, discussões e controvérsias.

Chiavenato (1999) argumenta que a motivação está contida dentro das próprias pessoas e pode ser amplamente influenciada por fontes externas ao indivíduo ou pelo seu próprio trabalho na empresa.

Outros autores citam que a motivação está dentro de cada um. Vergara (1999) defende que a motivação é intrínseca, também não podemos dizer que motivamos os outros a isso ou aquilo. Ninguém motiva ninguém. Nós é que nos motivamos, ou não.

Silva; Rodrigues (2007, p.9) reforçam essa teoria quando citam que:

> A motivação é um fenômeno que depende de numerosos fatores para existir, dentre eles, o cargo em si, ou seja, a tarefa que o indivíduo executa, as características individuais e, por último, os resultados que este trabalho pode oferecer. Portanto, a motivação é uma força que se encontra no interior de cada pessoa, estando geralmente ligada a um desejo. Dessa forma, suas fontes de energia estão dentro de cada ser humano. (SILVA; RODRIGUES, 2007, p.9).

Infelizmente nos deparamos com algumas pessoas nas organizações que mantêm uma atitude de perdedor, executam seu serviço sem qualquer entusiasmo, não sabem o que querem e não lutam por nada, somente continuam na empresa para receber um salário, sendo uma tarefa muito difícil para o líder e para a equipe conviver com alguém assim.

Christy (2006, p.20) cita no livro "Os Segredos da Motivação":

> Há pessoas que jamais serão motivadas. Elas preferem ser apenas coadjuvantes da vida, nunca agindo ativamente em nada. As organizações estão abarrotadas destes indivíduos. Eles se prendem aos seus empregos, fazem o que mandam elas fazerem, não perguntam, não argumentam, não questionam, só executam. Satisfeitas ou não com sua condição, elas são assim e dificilmente mudarão. Não há programa motivacional que tenha efeito sobre estas pessoas. (CHRISTY, 2009, p.20).

Antes de tentar mudar a equipe, o líder precisa fazer uma autoavaliação para entender o exemplo que está passando.

> Se quiser que seu pessoal seja mais positivo, seja mais positivo. Se quiser que se orgulhem mais de seu trabalho, dê o exemplo. Mostre-lhes

como se faz. Quer que tenham uma boa aparência e se vistam de maneira profissional? Tenha uma aparência melhor você mesmo. Quer que sejam pontuais? Chegue sempre cedo e diga a eles o que a pontualidade significa para você, não para eles. (CHANDLER; RICHARDSON, 2008, p.31).

Como ele está à frente, servindo de espelho para os demais, precisa ser o que quer que os outros sejam. As pessoas se envolvem mais facilmente com quem é autoconfiante.

Fatores motivadores

O ambiente ou clima da empresa está fortemente relacionado com a motivação dos funcionários. Quando existe motivação, o ambiente é positivo, o clima é de colaboração, interesse e satisfação. Ao contrário, percebem-se sentimentos de frustração, insatisfação, redução na produtividade e qualidade, surgimento de conflitos.

Se o líder está animado com uma ideia, toda a equipe ficará. O entusiasmo, a força e a energia do líder são contagiantes e motivam significativamente, conforme os autores Chandler e Richardson (2008, p.102) orientam:

Se você é um líder positivo, com pensamentos positivos sobre o futuro e as pessoas que lidera, acrescenta algo a cada pessoa com quem conversa. Agrega algo de valor a cada comunicação. Até mesmo cada *e-mail* (que seja positivo) soma algo à vida da pessoa que o recebe. Porque o positivo (+) sempre acrescenta algo. (CHANDLER; RICHARDSON, 2008, P.102).

Seguem exemplos de fatores motivadores segundo diversos autores:

Trabalho desafiante/maior responsabilidade: segundo o autor Gaudêncio (2009, p.40, grifo do autor), "desafio é um dos dois mais importantes fatores motivacionais. O segundo é o *reconhecimento*". O desempenho no cargo exige aplicação de diferentes habilidades. O líder pode passar adiante algumas tarefas que podem dar a ele mais tempo para administrar e analisar resultados e o liderado vai se sentir mais motivado por ter alguma tarefa mais interessante. Trabalhos simples e repetitivos tendem a se tornar maçantes, afetando a eficiência do trabalhador, ele deseja ter um trabalho significativo.

Reconhecimento do bom desempenho: aqui entra novamente a questão do *feedback* citada anteriormente, conforme Chandler e Richardson (2008, p.24), "os gerentes que têm mais problema para motivar a equipe são os que dão menos *feedback*". Todos os seres humanos anseiam pelo *feedback*, pelo reconhecimento do valor que têm na empresa.

Crescimento/desenvolvimento/perspectiva de progressão no futuro: Chandler e Richardson (2008, p.125) citam: "Felicidade é crescimento. Somos felizes quando estamos crescendo e nos desenvolvendo. E pessoas felizes são mais motivadas do que pessoas infelizes". É preciso estimular o funcionário a prosperar no emprego e crescer junto com a empresa.

Realização: para Silva e Rodrigues (2007, p.51), "(...) a pessoa evidencia um alto nível de motivação para autorrealização e busca sua autonomia, assumindo desafios reais no seu trabalho e lutando continuamente pelo seu sucesso pessoal". O profissional quer ser reconhecido pelo trabalho que realiza, quer se sentir valorizado exercendo uma atividade que possa ser considerada um diferencial, contribuindo para o sucesso da empresa e pessoal.

Orientação: Chandler e Richardson (2008, p.101) afirmam: "Ajude seus funcionários a concluir as pendências e a motivação deles o surpreenderá. (...) A presença disso no inconsciente consome energia, drena a produtividade e a vitalidade da sua equipe". Normalmente as tarefas mais fáceis são rapidamente concretizadas, deixando de lado as mais difíceis, mas igualmente importantes. O líder que orienta e auxilia seus funcionários a concluir as tarefas sentirá uma motivação maior, melhorando e aumentando a produção.

Considerações finais

Com o estudo percebeu-se que na prática a motivação e a busca de respostas a respeito do comportamento humano são muito complexas, porque cada caso é um caso, onde somos seres humanos e não máquinas, cada um possui personalidade própria e tem o seu "motivo de ação". O ser humano é insaciável, quer sempre mais e os desejos podem mudar com o passar do tempo.

O ideal é cada pessoa desenvolver dentro de si a automotivação, mas o papel do líder nesse processo é importante, porque a partir do momento que conhece sua equipe e suas pessoas tem a possibilidade de exercer com mais facilidade seu papel: provocar um novo ânimo, conquistar a confiança do seu liderado, levando-o aonde não poderia ir sozinho, inspirá-lo a fazer aquilo que se acha incapaz de realizar, tornar-se um "espelho", exemplo, provocar o esforço e persistência, buscando o comprometimento para atingir os resultados.

São muitas as habilidades que o líder deve desenvolver para ter sucesso e o comprometimento da sua equipe. O aperfeiçoamento acontece diariamente quando busca o crescimento e atenta às mudanças que ocorrem. As habilidades citadas neste estudo sugerem uma caminhada junto com os funcionários para entendê-los melhor e facilitar a motivação. Alguns outros aspectos estão voltados especificamente para a pessoa do líder, que deve demonstrar poder e coragem, mas também humildade e confiança.

Também vale mencionar que poucos líderes chegam ao topo sozinhos, sem contar com a ajuda de outras pessoas. É com alegria que o líder deve estender a mão e puxar os outros para o alto, onde juntos poderão seguir em frente, conduzindo-os a alturas que nunca sonharam alcançar, esse é o verdadeiro espírito de equipe. Maxwell (2008, p.17) argumenta que "os bons líderes levam outros consigo para o topo. Promover a ascensão de outros é requisito fundamental para a liderança eficaz".

Agindo dessa forma, o líder só tem a ganhar, porque as pessoas têm mais interesse em trabalhar para alguém que as ajuda a atingir o sucesso. Além disso, o líder ganha muita credibilidade porque potencializa e agrega valor à equipe, deixando de lado sentimentos como a insegurança e o ciúme.

A motivação se torna consequência dentro de uma equipe quando o líder, por meio das suas características, executa seu papel de forma eficiente, fazendo com que todos ao seu redor, devido à convivência, comecem a adotar a postura similar podendo vir a se tornarem líderes desenvolvendo as habilidades que lhes são atribuídas.

Portanto, um líder só pode ser bem-sucedido se contar com uma boa equipe e atualmente esse é um dos maiores desafios. Para conseguir o comprometimento e a excelência nas tarefas desenvolvidas pelos colaboradores, precisa ter conhecimento da motivação humana para inspirar e possibilitar um constante aperfeiçoamento e treinamento para melhorar o desempenho dos liderados. Uma equipe motivada é autoconfiante, responsável e comprometida com os resultados.

REFERÊNCIAS BIBLIOGRÁFICAS

CHANDLER, S.; RICHARDSON, S. **100 maneiras de motivar as pessoas**. Rio de Janeiro, Sextante, 2008.

CHIAVENATO, I. **Administração nos novos tempos**. 2ª ed. Rio de Janeiro: Campus, 1999.

_____. **Introdução à Teoria Geral da Administração**. 6ª Edição. s de Janeiro: Campus, 2000.

CHRISTY, F. **Os Segredos da Motivação**. 2006. Disponível em: http://www.secth.com.br/imagens/editor/e-book/os_segredos_da_motivacao.pdf Acesso em: 15 jul 2010.

CRISÓSTOMO, I. **A motivação como ferramenta de crescimento**. Disponível em: http://www.administradores.com.br/informe-se/artigos/a-motivacao-como-ferramenta-de-crescimento/22535/ Acesso em: 24 out 2010.

FILION, L. J. Empreendedorismo: empreendedores e proprietários-gerentes de pequenos negócios. **Revista de Administração**, São Paulo v.34, n.2, p.05-28, abr/jun 1999.

GAUDÊNCIO, P. **Superdicas para se tornar um verdadeiro líder**. 2ª ed. São Paulo: Saraiva, 2009.

MAXWELL, J C. **O livro de ouro da liderança**. Rio de Janeiro: Thomas Nelson Brasil, 2008.

NETO. J. L. de S. **Liderança na Organização que Aprende**. Disponível em: http://www.biblioteca.sebrae.com.br/bds/BDS.nsf/CF2A9313943B0C250325702B0048983D/$File/NT000A9376.pdf Acesso em: 23 out 2010.

NOGUEIRA. N. **O papel da humildade na liderança**. Disponível em: http://portal-gestao.com/gestao/lideranca/2163-o-papel-da-humildade-na-lideranca.html Acesso em: 21 jun 2010.

SILVA, W. R. da; RODRIGUES, C. M. C. **Motivação nas Organizações**. São Paulo: Atlas, 2007.

VERGARA, S. C. **Gestão de Pessoas**. 4ª ed. São Paulo: Atlas, 1999.

3

RH

Francisco Dehon de Lima

Departamento de Recursos Humanos ou de Relacionamentos Humanos?

Francisco Dehon de Lima

Licenciado em Geografia, pela Universidade Federal do Rio Grande do Norte, especialista em Direito Administrativo e Gestão Pública pela UNP – Universidade Potiguar, Master Coach em Holomentoring e Coaching ISOR certificado pelo Instituto Holos. Atuou como professor da rede estadual e municipal por 20 anos, atualmente ministra palestras e treinamentos para trabalhadores em educação e secretários da Prefeitura Municipal de Jardim de Angicos e em processo de construção do Projeto Inspiration – Auxiliando pessoas a reconhecer, ampliar e expandir suas luzes interiores.

(84) 99416-0288
insipration@oi.com.br
jonathandehon@hotmail.com
lima.dehon@gmail.com

A resposta a essa pergunta pode significar um excelente norte apontando para a compreensão eficiente sobre a maneira mais assertiva para uma boa condução dos principais construtores de uma relação que vai além do ambiente empresarial privado, chegando até a principal empresa de sua vida: "Você".

Abordaremos essa questão partindo da premissa básica de que o mundo é como nós interpretamos, e quando essa interpretação não está adequada, sofremos. Desse modo, o paradigma que utilizaremos para compreender nossas relações, em destaque nesse caso as relações de trabalho, é que vai definir o "sucesso" de nosso empreendimento.

Faz muito sentido pensar que "sucesso" é ser feliz, e nenhuma relação em que seus integrantes não estão felizes fluirá de forma satisfatória e sustentável, essa tese, muito bem explicada no livro "Os 7 hábitos das pessoas altamente eficazes", de Steven Covey, na segunda fase que nos faz ir além da independência, para a interdependência, e especificamente no hábito 5 "ganha, ganha", onde compreendemos que para ganharmos algo não se faz necessário alguém perder alguma coisa pois a abundância é um princípio universal, e que, relativamente, existem recursos para todos.

Desse modo, faz sentido pensar que em uma relação na qual as partes se reconhecem como Seres Humanos e não como "recursos humanos" existe um potencial para a construção de um processo onde todos saiam ganhando.

Em uma conversa recente com a vendedora de uma marca de automóvel considerada a mais segura do mundo, sugeri a ela uma campanha publicitária que aponte nessa direção, em que vender um carro não se restringe apenas ao vendedor ganhar uma comissão, ter uma margem de lucro para o empresário, ou para o cliente ser somente proprietário de um bem material, ao agirmos pensando numa relação sustentável entre seres humanos, meus funcionários não serão meros "recursos humanos" que utilizarei para ter lucro, serão colaboradores que possibilitarão ao cliente não apenas a posse de um bem material, no caso, um automóvel, mas a oportunidade de exercer a cidadania, através do direito e da liberdade de ir e vir em segurança, esse cliente estará recebendo esse benefício, mas também possibilitando ao vendedor a dignidade de ter uma atividade laboral exercida com amor e bem remunerada, ao proprietário a satisfação dupla de com sua atividade garantir dignidade aos colaboradores e de proporcionar aos clientes a oportunidade de utilizar um produto que lhes traga confiança, segurança... E assim segue um ciclo virtuoso onde todos ganham por compreenderem a importância, o valor de suas atividades dentro de um processo maior em que todos são essenciais para todos.

Nessa linha de pensamento, o grande diferencial ao reconhecer seus colaboradores como seres humanos advém dessa possibilidade de proporcionar aos mesmos um propósito de vida que dê significado ao seu trabalho, o que possibilitará, sem nenhuma dúvida, um comprometimento, ou fazendo uso de termo mais utilizado na atualidade, um empoderamento.

Não tenho nenhuma dúvida de que o sucesso de uma empresa depende prioritariamente das pessoas, colaboradores, clientes, parceiros..., porém, tratar pessoas como "recursos" levará inevitavelmente a empresa à estagnação, pelo simples fato da inversão de valores, pois se não identificamos algo como de fato ele é, nossas ações nunca serão assertivas e não gerarão os valores adequados que sustentam uma relação saudável. Se eu trato um teclado como um tambor, inicialmente funcionará, porém, num curto tempo terei estragado esse teclado, reduzindo sua vida útil de forma drástica. Desse modo a identificação justa, assertiva das partes de uma relação torna-se fator por demais importante para sua sustentabilidade.

Existe em cada ser, como disse o poeta, o dom de ser capaz de ser feliz, ou seja, algo que tem o potencial de, em movimento, fazer vibrar sua alma, e essa percepção que permitirá um alinhamento de propósito entre empregador e colaborador garantirá uma *performance* de excelência da empresa, permitindo o sucesso de todos os envolvidos no processo, entendendo "sucesso" não como uma vantagem material momentânea, mas na visão de que sucesso é ser feliz, é sentir-se útil, é experimentar o sentimento de pertencimento, e não de um recurso qualquer. Em um dos TEDs mais acessados, apresentado por uma diretora de uma escola de periferia dos EUA, Linda Cliatt-Wayman, ela trata de um dos três princípios utilizados pela mesma, que proporcionou um salto gigantesco de qualidade naquela instituição, e esse princípio era repetido todos os dias no sistema de som da escola: **"se ninguém hoje te falou que te ama, saiba que eu disse e sempre direi"**, e essa abordagem vendo o ser humano e não um recurso transformou o funcionamento daquela instituição, e chama a atenção para a importância do olhar inclusivo sobre os seres humanos como a melhor estratégia para garantir o verdadeiro sucesso. Vale salientar, para ratificar a importância do "como trataremos os nossos colaboradores", que a partir desse enquadramento cultural na empresa, valorizando e respeitando cada servidor, esse mesmo padrão chegará ao cliente gerando consequentemente dois resultados fantásticos, sendo o primeiro a satisfação pelo acolhimento e respeito, o que acarretará certamente um índice de fidelização altíssimo, e em segundo lugar, uma das mais fortes mídias que é a experiência do cliente, *marketing* de referência, o popular "boca a boca" em que, segundo o Estudo Global de Comportamento do Consumidor 2010, realizado pela consultoria Accenture em 17 nações, no nosso caso, 85% dos consumidores disseram que tiveram contato com produtos e serviços por meio de pessoas conhecidas, que obviamente foram bem atendidos por colaboradores que vêem no outro um ser humano que, além do desejo pela mercadoria, mais do que isso, espera ser muito bem acolhido e respeitado de forma autêntica e não automática, com sorrisos disfarçados, ou mesmo com indiferença. Desse modo, salvo raríssimas exceções, se cuidarmos dos nossos colaboradores, criaremos um padrão de cultura na empresa que chegará inevitavelmente aos clientes.

Cabe ainda uma reflexão mais pessoal, tão importante quanto tudo que já tratamos até agora, e que inicio com uma pergunta: "Conseguiremos tratar os nossos colaboradores como seres humanos, se em nossas relações cotidianas, seja com familiares, conhecidos, desconhecidos..., não somos assim?" Essa resposta constituirá um excelente norteamento indicando qual será o ponto de partida das mudanças necessárias para a alteração da visão que queremos ter sobre nossos colaboradores. Um sábio da antiguidade nos afirmou de forma categórica sobre o caminho para a sabedoria e consequentemente para o sucesso "conhece-te a ti mesmo", pois será nessa percepção interior de como somos, ou como percebemos o outro, que teremos as bases necessárias para, conhecendo a nós mesmos, nos desafiarmos a mudar o que for preciso em nosso interior, iniciando um fluxo, um campo, que terminará ressoando, repercutindo no consumidor final de nossa empresa com resultados consistentes e sustentáveis que retroalimentarão nosso próprio estado de felicidade, de sucesso, e a possibilidade do aperfeiçoamento cíclico com uma consequente expansão das atividades e da empresa.

Fica ainda clara a importância dessa visão, pelo potencial de criatividade e expansividade que a mesma possibilita, devido ao comprometimento de todos os envolvidos no processo, oriundo do sentimento de pertencimento e de identificação com a empresa, que conduz a uma motivação pela busca de excelência em todos os níveis de participação desde o proprietário ao consumidor final.

Some-se a isso o fato de que a divisão de responsabilidade, fruto dessa visão, onde cada um se perceberá como um coproprietário e consequentemente como um corresponsável, tornará muito mais leve o processo de condução de todas as atividades, retirando aquele peso de assumir sozinho uma responsabilidade, que pode ser conduzida de forma compartilhada gerando um campo de satisfação coletiva onde os desafios ficam mais leves e os benefícios mais ampliados.

Pode fazer sentido expandirmos essa percepção sobre o paradigma com o qual olhamos para nossos colaboradores, levando-se em conta um princípio amplamente reconhecido e assertivo para nortear uma relação promissora e sustentável que é "faça com o outro o que lhe deixa muito feliz quando os outros fazem contigo". Esse olhar nivelador, inclusivo e colaborador sobre nossos Seres Humanos e não Recursos Humanos, valorizando os **R**elacionamentos **H**umanos, pode desencadear um ciclo virtuoso que transformará a cultura de qualquer empresa, por aumentar a qualidade em todos os níveis de relacionamentos dentro desse ciclo, ampliando de forma inimaginável as possibilidades de novas e sustentáveis conexões.

Nesse contexto, tomando como base a velha sigla RH, poderemos olhar para esse departamento como um espaço onde cuidaremos dos **R**elacionamentos **H**umanos e não dos "Recursos Humanos", pois faz muito sentido a compreensão de que o que vai perpassar por todos os processos em uma empresa, desde seu nível mais básico até o *feedback* com o consumidor, são os relacionamentos, e a qualidade desses relacionamentos, que são feitos por Seres Humanos, fará, sem dúvida, toda diferença para o sucesso de qualquer empreendimento.

Não queremos aqui deixar de fora a importância dos treinamentos, e de todas as técnicas, habilidades e competências conscientes e inconscientes, que são necessárias para possibilitar a conclusão das metas pretendidas em uma empresa, mas faz-se imprescindível, no meu sentir, a compreensão de que acima das metas são necessários princípios norteadores para dar sustentabilidade às mesmas, e nessa linha recorro novamente ao Steven Covey, no livro "Os 7 hábitos das pessoas altamente eficazes", especificadamente no hábito 3, "primeiro o mais importante", onde fica muito claro que se atendermos em primeiro lugar aquilo que é mais importante o restante das coisas, metas, sonhos... acontecerão normalmente, semelhante a uma construção que começa e necessita iniciar do alicerce. Feito esse prioritariamente, todo o resto se encaixará perfeitamente, porém, quando não atendemos esse principio, num futuro não muito distante, inevitavelmente, a construção ruirá por falta do mesmo, e assim, partindo dessa compreensão, percebendo como prioridade o **R**elacionamento entre os seres **H**umanos, e não consigo perceber nada mais importante em qualquer empreendimento do que estas relações, por tudo que já expusemos até agora, esse cuidado em priorizar os seres humanos e suas relações em todos os níveis torna-se o principal fator para o sucesso de uma empresa.

Ainda sob esse mesmo paradigma de ver o Ser Humano ou os **R**elacionamentos **H**umanos, cabe também a importância desse conceito para se estabelecer algo muito importante para o sucesso dos relacionamentos em todos os níveis, desde o pessoal ao empresarial, que é a Comunicação Real, pois, como o próprio nome diz, para ser real necessita ter como base o reconhecimento das partes como elas realmente são, ou seja, como Seres Humanos, levando-se em conta toda a complexidade do Ser Humano, e não apenas como um recurso comum. Dessa forma, para se efetivar uma Comunicação Real, a clareza das intenções, a transparência representam a chave para a sustentabilidade e a qualidade das relações, porém, sem percebermos nossos colaboradores como Seres Humanos nossa comunicação ocorrerá apenas no nível estratégico e consequentemente não será estabelecida uma comunicação efetiva e impulsionadora de continuidade, e por conseguinte esses mesmos colaboradores repetirão esse padrão de comunicação para os clientes e a continuidade e sustentabilidade das relações em todos os níveis estarão drasticamente comprometidas.

Em um aspecto neurológico mais profundo, destacamos ainda a importância do paradigma de reconhecer nossos colaboradores como seres humanos, analisando o fator do campo energético, ou *rapport*, pois como esses colaboradores poderão desenvolver a capacidade de criar com o cliente uma conexão que nos permita compartilhar terreno comum e prosseguir juntos, se a empresa os vir apenas como um recurso? Ainda nesse mesmo diapasão, para existir *rapport* entre os colaboradores e clientes, faz-se necessário que exista primeiramente entre Empregador e Empregado, evidenciando-se aí, mais uma vez, a imperiosa necessidade do tratamento humanizado dos colaboradores, como premissa básica para criar uma cultura de compartilhamento na empresa e garantir o sucesso de um empreendimento.

Inspirado ainda em "Os 7 hábitos das pessoas altamente eficazes", de Steven Covey, após a compreensão da importância de uma boa qualidade dos **R**elacionamentos **H**umanos, podemos aqui refletir sobre o quinto e sexto hábitos, "compreender para ser compreendido" e "Sinergia", componentes de vital importância para o estabelecimento de relações assertivas em todos os níveis de uma empresa, pois será determinante para a continuidade, a sustentabilidade e o sucesso, pelo fato simples de que, se não sei o que o outro pensa, deseja, sente... não teremos como construir a sinergia, que promoverá a satisfação e dará uma significância para todos os envolvidos nas relações, seja entre proprietário e colaborador, seja entre colaborador e cliente, e será essa sinergia a comprovação inequívoca da condução assertiva dos **R**elacionamentos **H**umanos da empresa, e consequentemente do sucesso da mesma, pelo grau de satisfação que permeará todos os participantes do processo.

O mundo é o que construímos com nossos paradigmas, se o que estamos recebendo não nos está trazendo a leveza, a paz, a felicidade, é tão somente pela escolha das lentes que estamos utilizando para a realidade, e, se continuarmos usando as mesmas lentes embaçadas pelo nosso orgulho, egoísmo e vaidade, que nos induzem a olhar para fora, deixando de lado o polimento interno de nossas crenças limitantes, não obteremos resultados diferentes do que conseguimos até o presente. Desse modo, faz-se extremamente necessário, no meu sentir, a decisão corajosa de enfrentar nosso maior inimigo, que não está fora, e que é o único responsável por minha situação atual, meus paradigmas, minhas crenças, pois, se eu mudar minha maneira de olhar, tudo será diferente, se em vez do olhar julgador eu olhar para cada ser humano com as lentes da bondade, compaixão, compreensão, estarei construindo no meu íntimo esses valores, porque na verdade eles já estavam em mim. Como eu olho o mundo é como eu estou, se vejo um ser humano como um objeto, como um recurso, na verdade é esse valor que está dentro de mim, é essa referência interna que me faz estar como estou. Para que possamos ver o outro como um "Ser Humano", precisamos "SER humanos", como estamos vendo estamos sendo.

A boa notícia é que como eu estou vendo eu posso mudar, mudando meus paradigmas, podendo assim ter sucesso e SER muito mais feliz.

REFERÊNCIA BIBLIOGRÁFICA

COVEY, S. *Os 7 hábitos das pessoas altamente eficazes*: Lições poderosas para a transformação pessoal. Trad. Alberto Cabral Fusaro, Márcia do Carmo Felismino Fusaro, Claudia Gerpe Duarte e Gabriel Zide Neto. Rio de Janeiro: Bestseller, 2015.

4 RH

Giomara L. Basso

A resistência à mudança como fator restritivo ao desenvolvimento organizacional

Ms. Giomara L. Basso

Coach Integral Sistêmico.
Mestre em Administração.
Especialista em Liderança, T&D e Carreiras.

giomara@bsccoach.com.br

> *"Não há nada mais difícil de manejar, mais perigoso de conduzir ou mais incerto de suceder do que levar adiante a introdução de uma ordem de coisas, pois a inovação tem por inimigos todos os que se deram bem nas condições antigas, e por defensores frágeis todos aqueles que talvez possam se dar bem nas novas."* Maquiavel, O Príncipe, 1532

A palavra mudança geralmente traz consigo um certo receio, pois o assunto provoca a saída da zona de conforto e, consequentemente, gera insegurança quanto ao futuro. Tem-se uma ideia deturpada sobre ela, na maioria das vezes ligamos ao risco e assim é inevitável a pergunta: "Por que mudar se tudo sempre funcionou assim?" Enquanto o questionamento correto deveria ser: "Por que continuar da mesma forma, se mudando os resultados podem ser ainda melhores?"

Dentre as poucas coisas que não podemos evitar encontra-se a mudança, apesar de podermos escolhê-la, na grande maioria das vezes. E esse é o principal objetivo deste capítulo. Fornecer informações acerca dos benefícios trazidos pela mudança e, com fatos e argumentos, comprovar que resistir a ela pode fazer com que a organização fique obsoleta e fadada ao fracasso. Pretende-se dar uma especial atenção à mudança e ao impacto que ela provoca nas pessoas e nas organizações, de forma a compreender as suas vantagens e desvantagens, a motivação, as possíveis resistências e também demonstrar que a mesma é um processo constante e permanente em qualquer organização.

Mas o que é mudança, afinal? O conceito de mudança tem sido alvo de um estudo exaustivo por parte de vários estudiosos, originando por vezes alguns distanciamentos. Independentemente das divergências, quanto a esse conceito verifica-se que há uma unanimidade em que mudança significa alterações, ou passagem dum estado ou situação atual para um estado ou situações futuras, desejados ou não. Essas mudanças podem ser originadas por razões incontroláveis, planificadas ou também por motivos premeditados. É nesse sentido que vários autores contribuem a respeito disso:

De acordo com Chiavenato (2004), "a mudança é o resultado da competição entre forças impulsionadoras e forças restritivas. Quando a mudança é introduzida, existem forças que impulsionam, enquanto outras forças levam à resistência. Para implementar a mudança, torna-se necessário analisar ambas as forças que atuam na mudança a fim de remover ou neutralizar as forças restritivas que a impedem e incentivem as forças impulsionadoras. A teoria do campo de forças é indispensável nessa abordagem".

Para esse autor, "a mudança ocorre quando as forças impulsionadoras e favoráveis são maiores do que as forças restritivas e impeditivas e que as organizações devem ter estruturas orgânicas adaptáveis e capazes de mudar. Logo, o desenvolvimento Organizacional é feito através de estratégias de mudança tais como:

Mudança evolucionária - Quando a mudança de uma ação para outra que a substitui é pequena e dentro dos limites das expectativas e do *status quo*. Essa mudança é lenta, suave, ocorre aos poucos e não transgride as expectativas dos que nelas estão envolvidos ou são por elas afetados.

Mudança revolucionária - Quando a mudança contradiz, rompe ou destrói os arranjos do *status quo*. Ela é rápida, súbita, intensa, brutal, transgride e rejeita as antigas expectativas e causa impacto.

Desenvolvimento sistemático - Os responsáveis pela mudança delineiam o que a organização deveria ser em comparação ao que é, enquanto as pessoas afetadas estudam, avaliam, e criticam o modelo de mudança para recomendar alterações baseadas no seu próprio juízo e compreensão. O desenvolvimento organizacional adota o desenvolvimento sistemático. Ele traduz-se em apoio e compromisso e não em resistências ou ressentimento".

Ainda, de acordo com Boog (1994), "querer mudar não é suficiente, é preciso saber o que se quer mudar, onde e quando mudar". Ele alerta ainda que "as mudanças devem ser planificadas, pensadas ou feitas de forma a obter melhores resultados, pois as organizações que insistirem em orientar as suas decisões pela tradicional mentalidade certamente fecharão as suas portas por não se adaptarem às exigências dos novos tempos".

Em contrapartida, o autor Atkinson (2000) foca essencialmente nas pessoas, compactuando com a teoria de campo de Kurt Lewin, e no modo como pensam e fazem o seu trabalho. Segundo ele, a rapidez do processo da mudança está implicitamente ligada à concordância ou não dos objetivos, e se os mesmos estão dispostos a rejeitar o seu atual comportamento.

O fato é que inúmeras são as transformações que vêm ocorrendo em nossa sociedade, desde questões políticas e econômicas até a própria evolução da população mundial. Com tantas metamorfoses e/ou oscilações, aparece todo tipo de situações que exige alternativas. Em alguns momentos, as alternativas são bastante inócuas e outras vezes elas podem ser muito arriscadas. Novas gerações, novas tecnologias, novos processos nascem diariamente, estamos na era do desenvolvimento a pleno vapor. Com o atual cenário de um novo concorrente abrindo suas portas a cada dia, as companhias necessitam incansavelmente de diferenciais e melhorar continuamente seus processos, produtos e principalmente suas pessoas. Ser flexível e estar aberto à evolução passam a ser características essenciais, bem como se faz necessária a adequação de maneira criativa e inovadora a essas mudanças e isso exige de seus gestores alterações que nem sempre agradam. Porém não se trata de simples escolha, mudar é uma necessidade e, portanto, não há porque resistir. Quando se decide mudar, as organizações se veem obrigadas a reverem suas estratégias e daí constatam que existe uma maneira melhor de fazer as coisas, uma forma mais produtiva e lucrativa.

Flexibilidade e resiliência também são palavras de ordem e características principais de um bom gestor, independentemente de seu perfil, para com o trato da mudança em relação à complexidade de sua equipe. Vaidade e arrogância, se praticadas, imprescindivelmente devem ser substituídas por flexibilidade, só assim tornar-se-á possível fazer coisas que não eram habituais e a partir daí, automaticamente, há o aprendizado de todos. Se o líder for sempre o que ele é, terá a resistência das pessoas e não sua colaboração, dificultando todo e qualquer projeto que almeje implementar.

Em seus estudos, Bregion (2013) afirma que "a sobrevivência das organizações depende da forma como as mesmas respondem às mudanças em seu ambiente, pois para as organizações conseguirem atingir o sucesso é necessário que elas possuam flexibilidade diante da nova realidade do mercado globalizado". Em outras palavras, cada vez mais é necessário que o indivíduo e as empresas desenvolvam a capacidade de lidar com os problemas, resistir às pressões, superar os obstáculos e se reinventar.

Para Senge (1990), "talvez pela primeira vez na história, a humanidade tenha a capacidade de criar muito mais informação do que o homem pode absorver, de gerar muito mais interdependência do que o homem pode administrar e de acelerar as mudanças com muito mais rapidez do que o homem pode acompanhar". O fato de que as mudanças afetam a todos é indiscutível, bem como, de serem um desafio, na maioria das vezes, pois forçadamente levam à reflexão e à ação rápida. Faz-se necessário grande equilíbrio e aqueles que possuem planejamento e flexibilidade tendem a senti-la com menos intensidade.

Conforme já mencionado, todo processo de mudança nas empresas requer reestruturações profundas em sua organização, independentemente da área. As pessoas necessitam de um tempo de adaptação, pois toda mudança envolve algum tipo de perda, sendo comum enxergar mudanças como sendo um perigo ou ameaça. Chiavenato (2010) compõe a mudança em três etapas:

Descongelamento: considerada como a fase inicial que consiste no abandono de ideias e práticas antigas, ou seja, mudança de padrões atuais de comportamento por um novo. O descongelamento tem por finalidade fazer com que o indivíduo perceba a necessidade de mudança. Sem o descongelamento a tendência é que o colaborador retorne aos padrões habituais de comportamento.

Mudança: é o processo de aprendizagem e descobertas de novas atitudes, valores e comportamentos. Nessa etapa ocorre a identificação (o indivíduo percebe a eficácia da nova atitude e a aceita) e a internalização (a atitude passa a ser parte do padrão normal de comportamento). Durante essa etapa há o surgimento de ideias e práticas fazendo com que as pessoas pensem e executem de uma forma diferente.

Recongelamento: etapa final onde ocorre a estabilização da mudança. Seu propósito é incorporar definitivamente as novas ideias e práticas. Consiste na incorporação do padrão aprendido à prática atual que passa a fazer parte do comportamento do indivíduo.

O autor Coelho (2012) define gestão de mudanças como "um conjunto de técnicas e ferramentas cuja finalidade é gerenciar o lado humano da mudança e reduzir o impacto de novas práticas organizacionais nas pessoas para que os resultados sejam alcançados com eficácia". Se a incidência de mudanças numa organização ou projeto for muito frequente, a tendência em burlar etapas e acelerar a execução das mudanças poderá se tornar um hábito, o que pode afetar o controle que se tem sobre as mesmas e sobre seu impacto no escopo do projeto ou na estrutura da organização. Avaliações de impacto mal feitas, coletas de aprovação não realizadas, registros incompletos e documentação desatualizada são alguns dos efeitos desse afrouxamento dos processos de controle sobre as mudanças. Logo, não deverão ser delegadas autoridades e o responsável deve seguir três fases fundamentais, para que uma mudança possa ter bons resultados e alcançar os objetivos desejados, a saber:

- o conhecimento da situação atual da organização;
- o momento de transição virado para as estratégias de estimular, orientar e direcionar os colaboradores;
- a visão futura que visa projetar a organização na procura de resultados satisfatórios para os colaboradores e para a organização.

Alguns autores como Kotter (1998) alertam que "o processo de mudança pode demorar algum tempo, mas se não apresentar resultados a curto prazo as pessoas ficarão desmotivadas. Outro risco apontado é a possibilidade de o processo poder também fracassar". Nesse caso, a melhor solução é o reconhecimento do fracasso e seguidamente discutir com todos os envolvidos quais foram as falhas.

Ou seja, a mudança operacional é todo o esforço que conduz a mudança ao centro da organização. Abrange um maior número de pessoas, que permite a definição dos objetivos individuais e objetivos de equipe no decorrer do processo, que possibilita o treino das pessoas em novas técnicas, procedimentos e tecnologias, para além de facilitar o desenvolvimento de processos de avaliação e sistemas de reforço.

Segundo Robbins (2005), a resistência à mudança nem sempre aparece de maneira padronizada. Pode ser aberta, implícita, imediata ou adiada. Ele enfatiza ainda que esses fatores dividem-se em duas categorias: individuais e organizacionais. Os individuais residem nas características básicas, como percepção, personalidade e necessidades, e os organizacionais residem na própria estrutura da organização.

De acordo com os especialistas, direcionar as pessoas a entenderem os motivos que as levam a resistir às mudanças é um passo primordial no processo de implementação das mesmas e, quando estes não são identificados, o processo de mudança não acontece de forma satisfatória ou, ainda, mantém a organização estagnada em seu crescimento, perdendo seu diferencial competitivo. Para conduzir o caminho da mudança organizacional, podem ser utilizadas diversas técnicas, como educação e comunicação, participação e envolvimento, facilitação e apoio, negociação e acordo, manipulação e cooptação, coerção implícita e explícita. E é unânime o consenso de que a comunicação é o principal agente facilitador: ela motiva, quebra crenças limitadoras e impeditivas, traz esclarecimentos aos anseios e expectativas.

Ao longo deste capítulo, buscou-se demonstrar como conduzir as mudanças organizacionais, de modo a reduzir as resistências, propiciando o crescimento das empresas, apresentou-se a origem das dificuldades e entraves a uma boa gestão que fosse capaz de criar um ambiente de trabalho participativo, reflexivo e que se traduzisse em resultados satisfatórios. Confirmado pela literatura consultada, o nosso pressuposto é que a gestão das mudanças se deve basear e respeitar determinados princípios e principalmente no pensar x agir, com o objetivo principal da produção do conhecimento para condução de estratégias eficazes. A mudança organizacional implica reconhecer, também, fatores inerentes à própria organização: o caráter social atribuído pelas pessoas envolvidas ao espaço laboral, pelo resultado subjetivo do trabalho, bem como, pelo meio social onde as pessoas encontram-se inseridas, influenciando-as na tomada de decisões.

REFERÊNCIAS BIBLIOGRÁFICAS

ATKINSON, P. **Criando mudança cultural.** Portugal: Vozes, 2000.

BOOG, G. G. **Manual de treinamento e desenvolvimento.** Brasil: McGraw-Hill, 1994.

BREGION, V. **Cultura Organizacional: um estudo de caso em uma instituição de ensino superior.** 79 f. Monografia – Faculdade Cenecista de Capivari-FACECAP. Curso de Graduação em Administração, 2013.

CHIAVENATO, I. **Introdução à Teoria Geral da Administração.** 3. ed. São Paulo: Editora Campos, 2004.

CHIAVENATO, I. **Gestão de Pessoas: o novo papel dos Recursos Humanos nas organizações.** 3. ed. Rio de Janeiro: Elsevier, 2010.

COELHO, N. C. **Gestão de Mudanças: desenvolvimento e implementação de uma metodologia aplicada a MRS logística.** 2012. 80 f. Monografia – Instituto Militar de Engenharia.

KOTTER, J. P. **Liderando Mudança.** Rio de Janeiro: Campos, 1998.

ROBBINS, S. P. 1943 – **Comportamento organizacional.** 11. ed. São Paulo: Pearson Prentice Hall, 2005.

SENGE, P. M. **A quinta disciplina.** São Paulo: Editora Best Seller, 1990.

SOARES, H. T. M. "Mudança organizacional e seus impactos no comportamento dos indivíduos em uma organização do terceiro setor". Dissertação apresentada ao Curso de Mestrado Profissional em Administração das Faculdades Integradas de Pedro Leopoldo, 2007.

SOUZA, P. T. S. de. "Resistência à mudança como fator restritivo ao desenvolvimento organizacional – estudo de caso em um laboratório de análises clínicas", 2016.

TANAIA, R. G. "O impacto da mudança nas pessoas e nas organizações - Estudo do Caso da Câmara Municipal do Porto Novo", 2014.

5

RH

Iêdo Flávio de Andrade Filho

Gestão de Pessoas na Administração Pública

Iêdo Flávio de Andrade Filho

Graduado em Administração e Direito, com Especialização em Gestão Pública pela Universidade Federal de Sergipe e MBA em Gestão Empresarial pela Fundação Getúlio Vargas. Começou sua carreira profissional como empresário do ramo de serviços e construção civil, passou pelo ramo farmacêutico e, atualmente, está no ramo óptico. Na administração pública, trabalhou no Governo do Estado de Sergipe, onde foi chefe da Assessoria de Planejamento da Secretaria de Estado da Comunicação Social, tendo atuado em várias comissões de licitação e gestão dos contratos; diretor de Administração e Finanças na Secretaria de Estado da Cultura, onde integrou a comissão de compra de bens e serviços e a de prestação de contas; também atuou como coordenador de Administração, TI e Pessoas na Secretaria de Estado da Saúde. Atualmente, é administrador concursado na Sergipe Gás S.A. - Sergas, atuando na Gerência de Recursos Humanos. Está como presidente da Academia de Ciências de Administração de Sergipe; diretor-presidente da Junior Achievement Sergipe; e presidente do Conselho Fiscal do Movimento Competitivo Sergipe. É membro-fundador do Conselho de Jovens Empreendedores de Sergipe, tendo sido tesoureiro, diretor de Projetos, vice-presidente, presidente da Diretoria e presidente do Conselho. Foi, também, membro do Conselho de Ética e diretor administrativo da Confederação Nacional dos Jovens Empresários.

@iedoflavio

Vamos começar este capítulo afirmando que toda organização, independentemente de ser pública ou privada, é administrada por pessoas, com pessoas e para pessoas, de modo que elas passam a ser o maior ativo da organização. O renomado autor Idalberto Chiavenato, em uma de suas obras, destaca que as organizações têm consciência da importância das pessoas, de forma que somente podem crescer e prosperar se forem capazes de atingir o retorno dos investimentos de seus empregados. Logo, a Administração Pública não é diferente e tem de estar atenta para ver seus funcionários como elementos básicos da sua eficácia.

Para que o administrador possa gerenciar de forma efetiva o maior ativo de uma organização, é necessário realizar a Gestão de Pessoas, ou seja, gerir de forma planejada o capital humano da organização, selecionando, liderando, orientando, desenvolvendo, motivando e avaliando as pessoas para garantir a competitividade da organização na sua área de atuação e, consequentemente, os resultados planejados.

Dessa forma, a gestão de pessoas se torna fundamental para que seja obedecido um dos princípios regentes na Administração Pública, qual seja, o princípio da eficiência, contido no art. 37 da Constituição Federal. Princípio esse que obriga os agentes públicos a agirem com agilidade e foco na qualidade, sempre levando em conta a relação custo-benefício, de forma que o Estado esteja atento às suas estruturas, evitando gastos com custeio e investimento que não atendam às necessidades do órgão e da sociedade.

A Administração Pública

Antes de falar diretamente sobre administração pública, cabe uma breve definição sobre administração. Maximiniano, em seu livro "Teoria Geral da Administração – da revolução urbana à revolução industrial", define administração como sendo "o processo de tomar decisões sobre objetivos e utilização de recursos. O processo administrativo abrange cinco tipos principais de decisões, também chamadas processos ou funções: planejamento, organização, liderança, execução e controle". Nesse sentido, é possível afirmar que tal definição pode ser usada tanto no setor público quanto no privado, uma vez que os dois setores precisam gerir de forma efetiva os recursos disponíveis na organização (financeiros, materiais, tecnológicos, logísticos, dentre outros...).

Porém, na prática, é possível perceber algumas diferenças entre a administração pública e a privada, uma delas está na razão de existir, enquanto a pública existe para atender as necessidades básicas da sociedade, a privada tem como essência a geração de resultados para obtenção de lucro. Outra diferença muito importante está na forma legal de agir, em que o gestor privado age de acordo com o princípio da autonomia da vontade e o gestor público age de acordo com o princípio da legalidade.

Seguindo essa linha, Augustinho Paludo, em sua obra "Administração Pública: teoria e questões", relaciona o conceito de administração a duas ciências, a da administração e a da jurídica. Assim, vejamos o conceito relacionado à ciência da administração: "Administração Pública é o ramo da Administração aplicada nas Administrações direta e indireta das três esferas (ou níveis) de Governo: Federal, Estadual e Municipal". Enquanto para a ciência jurídica "corresponde às atividades desenvolvidas pelos entes públicos, dentro dos limites legais, com o fim de prestar serviço ao Estado e à sociedade em prol do bem comum".

Ainda acerca das diferenças entre a administração pública e privada, gosto de destacar Henrique Savonitti Miranda, onde, em uma de suas obras, compara as atividades de um gestor privado às de um gestor público de forma bem didática, senão, vejamos: "O administrador privado conduz seu empreendimento com *dominus*, agindo com os poderes inerentes à propriedade em toda a sua extensão. Assim, tudo o que não é proibido é permitido ao gestor privado. Diga-se, ainda, que o administrador privado pode inclusive conduzir ruinosamente seu empreendimento sem que muito possa ser feito por terceiros (...). O gestor público não age como 'dono', que pode fazer o que lhe pareça mais cômodo. Diz-se, então, que ao Administrador Público só é dado fazer aquilo que a lei autorize, de forma prévia e expressa. Daí decorre o importante axioma da indisponibilidade, pela Administração, dos interesses públicos".

Delineando o conceito de Administração Pública, podemos dizer que é a gestão dos interesses públicos por meio da prestação de serviços no âmbito dos três níveis de governo (federal, estadual ou municipal), onde, através de seus órgãos, serviços e agentes do Estado, procura satisfazer as necessidades da sociedade, buscando o desenvolvimento econômico e social.

Todo o normativo da Administração Pública está pautado no Direito Administrativo. Nele estão dispostas as regras legais pelas quais toda organização pública deve dirigir-se para efetivar os atos administrativos. Assim, para melhor entender a Administração Pública, torna-se necessário o estudo dos princípios que regem esse ramo da Administração. Hely Lopes Meireles ratifica em uma de suas obras que os princípios básicos da Administração Pública devem ser observados pelo bom administrador público de forma permanente.

Trazemos à baila os princípios elencados na Constituição Federal, conforme o seu art. 37: "Administração Pública direta e indireta de qualquer dos Poderes da União dos Estados, do Distrito Federal e dos Municípios obedecerão aos princípios da legalidade, impessoalidade, moralidade, publicidade e eficiência".

Além dos destacados na Carta Magna, a lista de princípios pode ser ampliada com outros que norteiam a Administração Pública. Vejamos o art. 2º da Lei Federal 9.784/99, que trata sobre o processo administrativo no âmbito da Administração Pública Federal: "a Administração Pública obedecerá, dentre outros, aos princípios da legalidade, finalidade, motivação, razoabilidade, proporcionalidade, moralidade, ampla defesa, contraditório, segurança jurídica, interesse público e eficiência". Temos, ainda, os princípios da licitação pública, contidos na Lei Federal nº 8.666/93, os que dispõem sobre o regime de concessão e permissão da prestação de serviços públicos, dispostos na Lei Federal 8.987/95, e os do art. 6º do Decreto-lei nº 200/1967, que trata dos princípios fundamentais da Administração Pública Federal, são eles: Planejamento, Coordenação, Descentralização, Delegação de Competência e Controle.

A Gestão de Pessoas

A Administração de Recursos Humanos ou Gestão de Pessoas, esta última é a expressão mais usada atualmente para definir a área responsável por determinar as maneiras de relacionar-se com as pessoas nas organizações.

Mas, o que é, de fato, Gestão de Pessoas? É uma junção de habilidades, métodos, políticas, técnicas e práticas definidas, cujo objetivo é gerir as relações e os comportamentos humanos dentro da organização, de forma que desenvolva e potencialize o capital humano para o alcance dos melhores resultados. Assim, podemos dizer que a área de gestão de pessoas é a agente de transformação em uma organização, seja ela pública ou privada.

Em uma de suas obras, Idalberto Chiavenato destaca que a moderna gestão de pessoas procura tratar os colaboradores como pessoas e, simultaneamente, como fator-chave de sucesso para a organização, rompendo aquela velha maneira tradicional de tratá-los como meros meios de produção ou pessoas como recursos ou insumos. Assim, podemos dizer que as pessoas são o ativo mais importante de uma organização.

Um ponto importante na gestão de pessoas é que a responsabilidade por gerir o capital intelectual na organização não é apenas do setor de recursos humanos, mas, também, dos gestores dos demais setores da organização. Pouco vai adiantar a organização possuir um gestor de pessoas estratégico, se os gestores das outras áreas não souberem gerir o capital intelectual envolvido nos seus processos. Podemos observar alguns pontos que atrapalham a boa gestão de pessoas em uma organização: a) falta de perfil de liderança nos gestores; b) falta de preparo de gestores para gerir seu pessoal; c) líderes que não encaram os colaboradores como ativo; d) falta de valorização da área de gestão de pessoas.

Gestão de Pessoas na área pública

O tema é tão importante para a administração pública que, através do Decreto nº 5.707/06, de 23 de fevereiro de 2006, foi instituída a Política e Diretrizes para o Desenvolvimento de Pessoal da administração pública direta, autárquica e fundacional, o que pressupõe um impacto real e formalizado na gestão de pessoas da esfera pública. A finalidade dessa Política está descrita em seu Art. 1º: "a melhoria da eficiência, eficácia e qualidade dos serviços públicos prestados ao cidadão; o desenvolvimento permanente do servidor público; a adequação das competências requeridas dos servidores aos objetivos das instituições, tendo como referência o plano plurianual; a divulgação e gerenciamento das ações de capacitação e a racionalização e efetividade dos gastos com capacitação".

Na área pública, a gestão de pessoas possui algumas particularidades que a torna diferente da área privada. Nas empresas privadas a missão da empresa está diretamente ligada ao lucro e ao interesse dos sócios, enquanto nas organizações públicas a missão deve contemplar os anseios da sociedade. Outro ponto que difere muito a iniciativa pública da privada no âmbito da gestão de pessoas está relacionado à forma de recrutamento, seleção e contratação: nas empresas privadas, o gestor pode contratar pessoas de acordo com as formas de recrutamento e seleção definidas pelo próprio gestor da empresa. Já na administração pública o gestor tem de seguir os ditames legais, em que as contratações devem ser feitas mediante concurso púbico.

Em virtude dessas e de outras diferenças é que a Administração Pública deve colocar em suas estratégias organizacionais ações ligadas à área de gestão de pessoas, destacando as ações de treinamento e desenvolvimento, motivação e avaliação de desempenho.

A autora Gisela Demo, em seu livro, destaca que a implantação de políticas de gestão de pessoas que preconizam o desenvolvimento e a valorização das pessoas nas organizações deve trazer corolários como: produção de produtos e serviços inovadores de alta qualidade, bem como atendimento flexível e atencioso porque, teoricamente, um colaborador que se sente bem atendido, satisfeito e valorizado tende a realizar suas funções com maior afinco, independentemente de ser servidor público ou funcionário de empresa privada.

Três pontos importantes dentro da gestão de pessoas devem ser desenvolvidos com prioridade na administração pública: a motivação; o treinamento e desenvolvimento; e a avaliação de desempenho.

Motivação

Qualquer gestor, seja ele da iniciativa pública ou privada, que esteja em sintonia com as práticas modernas da gestão de pessoas, está preocupado em ver os colaboradores motivados e integrados com a missão, a visão e os objetivos organizacionais, de forma que consiga maximizar os resultados de forma mais eficiente.

Para os colaboradores focados e comprometidos com o trabalho, existem alguns fatores que são importantes para mantê-los motivados, são eles: a) bom clima organizacional; b) valorização profissional; c) um programa de cargos e salários justo; d) benefícios, programas de incentivo e salário compatível com o mercado de trabalho.

No caso dos servidores públicos, que dispõem de segurança profissional (estabilidade), a motivação depende exclusivamente do que estas pessoas precisam para se sentirem felizes e satisfeitas em seu ambiente de trabalho, exigindo estratégias bem definidas, com ações voltadas para que se tenha um bom clima organizacional, reconhecimento profissional, qualificação, crescimento na carreira, reconhecimento e salário compatível com o mercado de trabalho.

Sabemos que atender a todos os requisitos e motivar pessoas não é fácil, pois cada indivíduo tem pensamentos, ideias e gostos diferentes, motivo pelo qual é importante ter como gestores pessoas preparadas para liderar e identificar a real necessidade de seus liderados.

Treinamento e desenvolvimento

Constantemente, estamos passando por transformações no ambiente organizacional e nos processos de trabalho e os funcionários precisam estar preparados para responder a essas mudanças com efetividade. Para isso, é necessário que o colaborador e a organização tenham consciência da importância da educação permanente no processo de desenvolvimento humano para o alcance dos resultados.

O tema é tão importante para a administração pública que o desenvolvimento permanente do servidor público é destaque na Política Nacional de Desenvolvimento de Pessoal.

Quando falamos em desenvolvimento, não nos referimos apenas à realização de programas de treinamento medidos em números de hora-aula. Dentro da administração pública é importante focar na sustentabilidade organizacional, através da gestão do conhecimento e da transferência de experiências, tanto dentro quanto fora da organização.

Para tal, os programas de treinamento e desenvolvimento devem ser estruturados, tendo em mente a estratégia da organização e as necessidades dos servidores, onde a elaboração dos programas deve ser realizada em conjunto entre a área de recursos humanos e os gestores das demais áreas; afinal, quem tem de conhecer com mais propriedade as competências, qualificações e necessidades de desenvolvimento das pessoas de cada área é o seu gestor.

Um bom programa de treinamento e desenvolvimento para a administração pública passa, basicamente, por quatro etapas:

- **Diagnóstico ou mapeamento:** é o levantamento das necessidades de treinamento;
- **Modelagem:** é a escolha ou elaboração do treinamento para atender as necessidades levantadas no diagnóstico;
- **Implementação:** é a realização e condução do treinamento;
- **Avaliação:** é a verificação dos resultados do treinamento, tanto para o colaborador como para a organização.

Avaliação de desempenho

A avaliação de desempenho é uma ferramenta gerencial que busca mensurar e conhecer o desempenho das pessoas na organização, de forma a estabelecer uma comparação entre o desempenho desejado e o realmente alcançado. O autor Jean Pierre Marras diz: "A Avaliação de Desempenho foi criada basicamente para acompanhar o desenvolvimento dos empregados durante sua permanência na organização e especificamente para medir seu nível de conhecimento, habilidade e atitudes".

Na Administração Pública, a avaliação de desempenho é um assunto novo, trazido pela Emenda Constitucional nº 19, de 4 de junho de 1998, a qual altera o artigo 41 da Constituição. Por ser um assunto pouco discorrido na administração pública, torna-se necessário fazer uso do conhecimento da administração privada, porém de forma adaptada para o setor público. Em artigo publicado na "Revista do Servidor Público", Siqueira e Mendes rebatem a utilização de tecnologias oriundas do setor privado, na forma de simples reprodução. Eles defendem a busca por um modelo próprio, que atenda as particularidades da esfera pública.

Variando de acordo com a necessidade do gestor, da organização e dos objetivos pretendidos, bem como do perfil dos avaliados e da dinâmica de observação utilizada, destaco alguns métodos mais tradicionais e que podem ser usados na administração pública: Escalas gráficas de classificação; Autoavaliação; Relatório de *performance;* Avaliação por resultados; Avaliação por objetivos; Padrões de desempenho; Avaliação 180 graus; Avaliação 360 graus; Avaliação de competências; Avaliação de competências e resultados, dentre outros.

É possível, também, a combinação entre vários tipos de avaliação de desempenho. Essa opção é conhecida como Métodos Combinados ou Métodos Mistos, conforme descreve Chiavenato (2006): "A Era da Informação trouxe dinamismo, mudança e competitividade. Com o passar do tempo e a evolução das organizações, os complicados processos estruturados e formalizados estão em baixa, prevalecendo agora o esforço da avaliação qualitativa das pessoas de forma direta e sem depender de relatórios sucessivos até chegar ao responsável pelo tratamento da informação e tomada de decisão".

É importante o gestor de pessoas estar atento às interferências que podem ocorrer no processo de avaliação de qualquer organização. Como por exemplo: falta de estabelecimento de objetivos claros; falta de qualificação dos gestores técnicos na área de gestão de pessoas; distribuição de formulários para preenchimento em um espaço curto de tempo; baixo comprometimento dos gerentes com a avaliação; avaliador deixa que características do avaliado influenciem negativamente na avaliação, esquecendo o desempenho funcional ou avaliação positiva, mesmo que o funcionário tenha tido baixo desempenho.

Além das interferências citadas, não podemos deixar de apontar uma que é bastante comum na administração pública: a influência política. Utilizar a ferramenta de avaliação de desempenho das pessoas em seus cargos já não é simples, imagine na administração pública, onde, como é do conhecimento de todos, sempre há uma influência política em tudo que é realizado nos órgãos e setores da administração pública. Para tanto, é importante que os gestores estejam atentos e tentem minimizar ao máximo a interferência política.

Com tudo que foi falado, é possível depreender que o setor responsável pela gestão de pessoas na administração pública, seja ela direta ou indireta, precisa, cada vez mais, contar com administradores comprometidos, responsáveis, com bom relacionamento e focados no alcance dos resultados institucionais. Senão, vejamos como Bergue (2007) define a gestão de pessoas dentro da administração pública: "Um esforço orientado para o suprimento, a manutenção e o desenvolvimento de pessoas nas organizações públicas, em conformidade com os ditames constitucionais e legais, observadas as necessidades e condições do ambiente em que se inserem".

Assim, fica a reflexão de que a independência é construída dia após dia, com o compromisso de um Estado mais bem administrado.

REFERÊNCIAS BIBLIOGRÁFICAS

BERGUE, S. T. **Gestão de Pessoas em Organizações Públicas.** 2. ed. rev. e atual. Caxias do Sul: Educs, 2007.

BRASIL. Lei nº 8.987, de 13 de fevereiro de 1995. **Lei da concessão e permissão da prestação de serviços públicos.** Disponível em http://www.planalto.gov.br/ccivil_03/leis/L8987compilada.htm. Acesso em 05 mai. 2014.

CHIAVENATO, I. **Gestão de Pessoas** – o novo papel dos recursos humanos nas organizações. Rio de Janeiro: Campus, 1999.

CHIAVENATO, I. **Recursos Humanos:** o capital humano das organizações. 8. ed. São Paulo: Atlas, 2006.

DEMO, G. **Políticas de gestão de pessoas nas organizações**: papel dos valores e da justiça organizacional. São Paulo: Atlas, 2005.

DI PIETRO, M. S. Z. **Direito Administrativo.** 23. ed. São Paulo: Atlas, 2010.

DUTRA, J. S. **Gestão de pessoas:** modelo, processos, tendências e perspectivas. 1. ed. São Paulo: Atlas, 2002.

MARRAS, J. P. **Administração de recursos humanos: do operacional ao estratégico.** 11. ed. São Paulo, 2000.

MAXIMINIANO, A. C. A. (2012). "**Teoria Geral da Administração** – da revolução urbana à revolução industrial". 7. ed. São Paulo: Atlas, 2012.

MEIRELLES, H. L. **Direito Administrativo Brasileiro.** 27. ed. São Paulo: PC Editorial, 2002.

MEIRELLES, H. L. **Direito Administrativo Brasileiro.** 36. ed. São Paulo: Malheiros Editores, 2010.

MEIRELLIS, H. L. **Direito Administrativo Brasileiro.** 30. ed. São Paulo: Malheiros, 2005.

MIRANDA, H. S. **Curso de direito administrativo.** 3. ed. Brasília: Senado Federal, 2005.

NASCIMENTO, E. R. 2010. **Gestão Pública.** 2. ed. rev. e atualizada. São Paulo: Saraiva, 2010.

PALUDO, A. V. 2010. **Administração Pública: teoria e questões**. Rio de Janeiro: Elsevier, 2010

SIQUEIRA, M. V. S.; MENDES, A. M. **A gestão de pessoas no setor público e a reprodução do discurso do setor privado.** Revista do Serviço Público, Brasília, DF, p. 241-250, jul./set. 2009. Disponível em: http://lpct.com.br/wp-content/uploads/2012/11/18-Squeira_Gest%C3%A3o-de-pessoas-no-setor-p%C3%BAblico.pdf. Acesso em 10 de setembro de 2017.

6 RH

José Mauro Alvim Machado

A ética profissional e o administrador de Recursos Humanos

Me. Adm. José Mauro Alvim Machado

Imortal pela Academia de Ciência de Administração - ACAD/SE. Mestre em Ciências da Educação, pós-graduado em Didática e Metodologia para o Ensino Superior, bacharel em Administração de Empresas. Foi gerente setorial na Universidade Corporativa, coordenador de RH e coordenador Função Gerencial na Petrobras. Palestrante sobre diversos temas relacionados a Estratégia Corporativa, Gestão, Comportamento e Relacionamento Interpessoal, possui experiência docente em nível Técnico e Superior. Atualmente exerce docência em cursos de pós-graduação, notadamente em diversas áreas da administração.

(79) 99887-9821
jmamconsul@gmail.com

O mundo está mudando! A cada dia, tornam-se mais raros os exemplos de ética não só na política ou na gestão das organizações, mas sobretudo na atitude individual do ser humano.

Passamos horas sem fim observando e curtindo nas telas dos computadores fotografias e momentos vividos por pessoas que, no mais das vezes, não conhecemos. O mundo está mudando e será preciso que a gestão de pessoas nas organizações acompanhe essa mudança.

A Ética, proveniente das leis erigidas pelos homens em suas cidades, ainda alimenta as discussões iniciadas por Rousseau e Maquiavel, cada um em seu tempo, sobre se é a sociedade que corrompe ou se é o homem que corrompe a sociedade.

Por definição temos que Ética convida o sujeito da ação a tomar parte na elaboração das regras de sua conduta na sociedade em que está inserido. Ocupa-se ela com o problema que envolve a relação entre *direitos* e *deveres,* uma vez que a obrigação moral pressupõe a liberdade de escolha *(direitos)* e, ao mesmo tempo, a limitação dessa liberdade *(deveres).* A ética compreendida como sendo um estudo, uma reflexão sobre o bem, a justiça, o certo ou errado.

A moral deve ser entendida como o conjunto das práticas cristalizadas pelos costumes e convenções histórico-sociais. Ocupa-se de avaliar a ação do indivíduo, seus costumes, hábitos e comportamentos. São as regras de comportamento adotadas pelas comunidades, compreendendo a implementação das normas, princípios, costumes e valores que norteiam o comportamento do indivíduo em seu grupo social.

A ética profissional vem a ser o um conjunto de normas de conduta e de relacionamento adotados em sociedade e no trabalho. No exercício de qualquer atividade no campo profissional, no que nos diz respeito, na área de Recursos Humanos, o profissional deve ter uma conduta ética, saber construir relações interpessoais de qualidade com seus pares e superiores hierárquicos, contribuindo pertinentemente com o bom funcionamento da gestão, assegurando a correta implementação das orientações relacionadas às rotinas e para a formação de uma imagem positiva da organização perante os colaboradores, acionistas, clientes e a sociedade.

Como é possível ajudar o profissional que atua na área de RH a manter-se firme a esta constante reflexão sobre o que vem a ser, afinal de contas, ética profissional?

Uma boa dica é perguntar a si mesmo: "Estou sendo bom profissional? Estou agindo adequadamente? Realizo corretamente minha atividade? Se a empresa fosse de minha propriedade, faria o meu trabalho exatamente assim? Tudo o que faço está de acordo com o que a sociedade legitimamente aprova?"

Nem tudo o que a sociedade entende como ética e moral está inserida nos Códigos de Ética, mas é preciso deixar claro que Moral é o exercício das atitudes que se encontram erigidas nas leis estabelecidas pela sociedade. Tratar-se-á sempre de atos que prevaleçam no sentido do bem comum, da manutenção dos valores, do respeito. Gentileza gera gentileza!

Atitudes de generosidade e cooperação no ambiente laboral, principalmente no que tange ao produto gerado por grupos multidisciplinares ou multifuncionais, mesmo quando a atividade é exercida isoladamente, ela faz parte de um conjunto maior de atividades que dependem do bom desempenho de todos, por isso, torna-se necessário o estímulo da lealdade e do respeito ao outro, de tal sorte que seja possível a prática do *"feedback"* sem que se produzam reações indesejáveis à relação entre as pessoas.

Certa vez, durante uma consultoria em que orientava a elaboração do Plano de Classificação e Avaliação de Cargos e Salários, eu e minha equipe fomos recebidos pelo principal executivo daquela organização.

RH NA VEIA

Durante a visita às instalações, o presidente, nosso anfitrião, ao passar por uma estação de trabalho, observou um clipe caído no chão.

Produzindo efeito surpreendente em todos que ali estavam, ele se abaixou, pegou o objeto e o recolocou no porta-clipe dizendo: "Isto é dinheiro da empresa, não podemos desperdiçar recursos por menores que possam parecer". O significado não está na coisa em si, mas se pensarmos na preservação do patrimônio desde o seu mais simples e insignificante item, estaremos cuidando dos recursos naturais extraídos do planeta, além do nosso emprego. Lembrem-se disso sempre que a sua atitude puder fazer a diferença.

São atitudes que evidenciam a moral, estaremos assim cumprindo o dever que vai além da descrição do cargo ocupado. A atitude ética mostrará o quanto estamos disponíveis para contribuir além do previsível. A moral neste contexto nos convida a sorrir, ser agradável para as pessoas durante um dia de trabalho é salutar para que elas correspondam assertivamente ao bom tratamento recebido. Assim, o dia de trabalho poderá transcorrer muito melhor para todos.

É função do RH pensar e procedimentar mecanismos a serem utilizados pela alta administração que contemplem o reconhecimento das práticas éticas e morais que traduzam ganho de imagem ou capital para a organização. Dessa forma há de se permitir que o colaborador possa ser reconhecido pelas boas práticas que norteiam seu desempenho, conduzindo-o no caminho de obter suas conquistas e realizar desejos pessoais de progresso, em conformidade com as diretrizes corporativas, convergindo sua energia na direção da obtenção dos objetivos organizacionais definidos no Plano Estratégico.

Empregabilidade está relacionada com o sentimento de apropriação do colaborador em relação à organização à qual esteja ele vinculado. Aquele que contribui, agrega valor para a organização, deve ser mantido, por isso, políticas de atração e retenção de competências-chave são tarefa que deve ser considerada com prestígio pelos profissionais de RH.

Na fase de recrutamento e seleção de pessoal, devem-se definir as diretrizes que nortearão a melhor escolha. Formular questões que abordem a ética e a moral, de forma a colher impressões sobre os valores familiares que fazem parte do arcabouço do candidato, pode influenciar decisivamente o processo de escolha daquele que virá a compor a equipe de profissionais da organização. Selecionar bem seus colaboradores influencia fortemente os custos com RH da empresa.

No caso de o colaborador começar a trabalhar antes de estudar ou paralelamente aos estudos e inicia uma atividade profissional sem completá-los ou em área que nunca estudou, aprendendo na prática, este fato não o exime da responsabilidade de ajustar-se às diretrizes corporativas no que tange aos princípios básicos da moral, nesse caso devem prevalecer os padrões sociais de conduta devidos socialmente pelo indivíduo.

Um profissional pode ser aperfeiçoado! Programas de treinamento e desenvolvimento têm a tendência de eliminar hiatos de competência, no entanto, o caráter de uma pessoa é construído ao longo do tempo, passando pela formação familiar e social. É possível treinar e especializar um profissional, inversamente proporcional a isso é a questão do caráter. Ou a pessoa tem ou não tem, por isso, investir em programas que prometam alterar questões tão intrínsecas às pessoas é um péssimo negócio para as organizações.

O fato de uma pessoa trabalhar numa área que não escolheu livremente pela pura e simples falta de oportunidade ou necessidade de prover recursos financeiros, o fato de "pegar o que apareceu", o fato de exercer atividade remunerada onde não pretende seguir carreira não o isenta da responsabilidade de buscar o seu pertencimento à organização em que labora, ainda que por curto espaço de tempo. Todos temos deveres a cumprir, isso é ética, e devemos executar as atividades da melhor maneira que pudermos, isso é moral. O RH deve estar atento a essas questões!

Como já foi impresso anteriormente, todos têm o direito de buscar melhorias para si e, por isso mesmo, trabalhar no sentido de realizar seus sonhos e desejos pessoais de progresso, não é mesmo?

Muitas oportunidades de trabalho surgem onde menos se espera, desde que se esteja preparado tecnicamente, aberto e receptivo.

Na verdade, devemos sempre buscar ser um pouco melhores a cada dia, seja qual for a atividade exercida. Se o trabalho ou a organização em que atua já não atende mais as expectativas, então talvez tenha chegado a hora de mudar e buscar novas oportunidades. E, se não surgir outro trabalho, certamente sua vida será mais feliz gostando do que você faz e sem perder nunca a dimensão de que é preciso sempre continuar melhorando, aprendendo, experimentando novas soluções, criando novas formas de exercer as atividades, aberto a mudanças, nem que seja mudar, às vezes, detalhes que podem fazer uma grande diferença na sua realização profissional e pessoal. Isso tudo pode acontecer com a reflexão incorporada ao seu viver.

Daí a importância de estimular as pessoas a construírem relações de qualidade entre os colegas e conquistar a confiança dos líderes, com uma postura de trabalho adequada e resultados concretos obtém-se maior sucesso no desenvolvimento de uma carreira profissional.

As profissões regulamentadas por lei são representadas por um Conselho Federal e uma seccional regional.

Ficar atento às normas estabelecidas pelo CFA e CRAs é uma obrigação para todo profissional, pois lhe é exigido o cumprimento de valores morais e princípios éticos considerados universais como a honestidade, a competência e a responsabilidade.

O Código de Ética Organizacional propõe o cumprimento obrigatório das normas estabelecidas pela organização, se negligenciadas, podem trazer consequências de cunho administrativo. O processo de elaboração do código envolve a participação de trabalhadores de diferentes segmentos, para tornar o documento acessível e adequado a todos os níveis da organização e deve ser elaborado da forma mais democrática possível. Geralmente é conduzido pelo departamento de Recursos Humanos das empresas, com a formação de um Comitê de Ética, podendo contar com o apoio de uma consultoria externa.

Muitos Códigos de Conduta Ética Organizacional preveem ainda um espaço ou um canal de comunicação próprio para denúncias, através do qual os colaboradores podem relatar, de forma anônima, fatos relacionados ao descumprimento das normas ou procedimentos estabelecidos que tenham sido observados dentro do ambiente de trabalho ou na relação com clientes.

Nossa sociedade aprendeu a reivindicar direitos, mas deriva no exercício dos seus deveres. Reclamamos dos políticos, mas atravessamos a rua fora da faixa de segurança. Contestamos as injustiças jurídicas durante conversas mantidas em ligações telefônicas realizadas por meio do uso do aparelho celular enquanto dirigimos.

O capital intelectual é sem dúvida alguma o maior ativo contabilizado pelas organizações contemporâneas e essas organizações precisam mudar de atitude e valorizar aqueles que buscam crescimento profissional e não os negligenciar. Não é raro um gerente se sentir enciumado pela elevada competência de um ou de outro colaborador e, por isso, o abafa, o sufoca e o exclui dos processos que possam potencializar oportunidades de crescimento profissional por medo de comprometerem suas posições.

É salutar que haja oxigenação nas funções gerenciais por isso mesmo. Na medida em que técnicos assumem funções de liderança, a tendência tem demonstrado que emerge um considerável ganho para a equipe de trabalho que enxerga nisso possibilidades de também avançarem em suas carreiras alavancando a motivação do time de trabalho. Ao contrário dessa prática, quando o mesmo gerente é mantido na função por tempo superior a dez ou 20 anos, vê-se que este se investe de poder absoluto, um poder sobre o qual suscita que a Organização tenha a obrigação de conservá-lo como faziam os egípcios com seus faraós. A função gerencial nesse caso se revela como um sarcófago que impossibilita o amadurecimento da gestão. As equipes pagam altos tributos a essas "múmias corporativas" porque não conseguem ultrapassar os limites por elas sedimentados.

A função RH para ter significado real deve priorizar a valorização do ser humano, não de forma linear, pois até a justiça prescinde diferenciação entre as partes para a sua execução plena, no entanto, recompensar o esforço, a criatividade, a capacidade, a ética e o comprometimento dos colaboradores é essencial para o crescimento do negócio, viabilizar que as pessoas possam conquistar os seus desejos pessoais de progresso e garantir a eficácia da gestão propriamente dita.

Reportando-me ao título desta narrativa, lembro que a força de trabalho também é provida de emoções, desejos e expectativas. São características fundamentais e inerentes aos seres humanos, por isso, é imperativo resgatar a sensibilidade necessária para reconhecer que todos devem ter acesso às oportunidades de tal sorte que possam eles progredir em suas carreiras e que a função gerencial é o meio através do qual se realiza o exercício da mediação entre tais oportunidades e a precisa seleção daqueles que terão direito a elas.

Se há um fator que nos torna únicos abaixo das estrelas é que tanto o gerente quanto seus colaboradores não exalam cheiro enquanto dormem, por conseguinte, não devemos assumir a posição do cabo de madeira que sustenta o machado enquanto este derruba o jequitibá, pois essa postura nos torna insensíveis à dor que podemos estar produzindo aos nossos iguais.

7 RH

Karine Rabelo

Práticas para reduzir o passivo trabalhista

Karine Rabelo

Graduada em Ciências Contábeis, MBA em Gestão de Pessoas, pós-graduada em Auditoria, Controladoria e Gestão Financeira. Master Coach Life e de Carreira, mentora de Carreira e Produtividade, formação em Eneagrama. Gestora em RH, palestrante e consultora organizacional.
Atuou em RH de grandes indústrias e multinacionais do estado de Sergipe. Possui expertise em gerenciamento de custos e orçamento de pessoal; gestão de processos trabalhistas; desenvolvimento de líderes; desenvolvimento de equipe; reestruturação, planejamento e implantação da área de RH.

(79) 99847-5928
karine2r@gmail.com

P assivo Trabalhista é quando a empresa ou o empregador deixa de cumprir suas obrigações trabalhistas com seus colaboradores.

De acordo com José Luiz dos Santos et al. (2003, p. 70), o passivo "são os recursos consumidos pela entidade para a geração de fluxos de caixa futuros. É a parte negativa do patrimônio e está representada pelas obrigações da entidade. O passivo compreende basicamente as obrigações, isto é, os valores que a empresa deve a terceiros".

As organizações analisam e estudam suas fatias de despesas percebendo aquelas que podem ser prevenidas, diminuídas ou até extintas, na intenção de melhorar sua receita e margens de lucratividade. Nesse contexto, o passivo trabalhista inicia uma nova era de cuidados e prevenções para que ele seja diminuído ou até extinto das organizações.

Com a evolução do cenário trabalhista dentro das organizações vem sendo cada vez mais difícil serem previstos riscos nessas relações. Antigamente as causas trabalhistas mais relevantes eram quase somente falta de recolhimentos previdenciários mensais ou de pagamentos obrigatórios em CLT. Com a globalização e evolução tecnológica, cada vez mais as causas trabalhistas vestem novas roupagens, as empresas recebem demandas que não conseguem prever e acarretam o pagamento de reflexos trabalhistas.

Ainda há a questão de que alguns empregadores desconhecem a legislação trabalhista, acabam tomando atitudes e executando decisões que não estão descritas na CLT, prejudicam a empresa e acarretam multas e encargos corrigidos em detrimento de processos trabalhistas.

O que faz o aumento das reclamações trabalhistas em muitas empresas é o quadro enxuto, sobrecarregando quem fica. Muitas vezes o colaborador tem que absorver mais uma atividade além da que ele foi contratado. Assim o colaborador acaba fazendo excessivas horas extras, adoecendo ou até se acidentando. A incidência maior de processos trabalhistas é da base operacional. Na maioria dos casos em que ocorre processo em nível hierárquico mais alto o motivo é a falta de cumprimento de algum acordo.

Outro ponto importante é a terceirização de funcionários, em que a administração de contratados deve ser bem cuidadosa. Por muitas vezes são deixadas brechas no processo de contratação para que aqueles terceirizados responsabilizem a contratante, movendo assim um processo trabalhista contra a mesma.

O funcionário é um ativo humano enquanto está prestando serviço à empresa e deve ser visto com muita atenção. Após o seu desligamento, haverá um termômetro de como está sendo conduzida a gestão interna caso esse ativo torne-se um passivo.

Há organizações que não entendem o colaborador como peça contributiva para alavancar seu negócio. Por muitas vezes as chefias abusam de alguma forma em que aquele ativo de gente se torna um passivo futuro para a organização. As empresas naturalmente contratam funcionários para exercerem suas funções com excelência e dedicação. Nesse contexto o RH entra como um parceiro ideal de gestão para impulsionar a produtividade.

Quando as práticas de gestão de gente não são adotadas como fator primordial para redução de seu passivo trabalhista, acabam por comprometer uma fatia de seus recursos financeiros com o pagamento das indenizações trabalhistas.

No *script* de práticas da gestão estratégica do Recursos Humanos deve ser primordial trabalhar ferramentas em que as competências de seus colaboradores sejam extraídas e valorizadas da melhor maneira. Isso sabemos que refletirá em vários contextos como o clima organizacional, parceria entre os setores e um ótimo resultado corporativo. Mas sabemos que em muitas organizações o trabalho estratégico do RH não é permitido ser executado com excelência, deixando fissuras que acabam resultando em fatores negativos.

Essa barreira de conquista do RH que vem sendo quebrada aos poucos é uma fatia de participação na diminuição dos passivos trabalhistas e as empresas devem entender que deve existir a satisfação dos seus funcionários para que não venham a ocasionar um problema futuro.

O trabalho do gestor de gente ganha dimensões de estudo dentro de uma organização que muitas vezes não é percebida. No início da minha carreira no RH lembro que a indústria em que trabalhava tinha suas instalações em um município de cultura quilombola e indígena. Foi desenvolvido um projeto para entendermos o contexto cultural e comportamental da região para que pudéssemos melhorar as práticas internas quanto à produtividade e absenteísmo. Após meses de trabalho e medições de acompanhamento, o resultado foi um dos melhores. Visualizar o contexto cultural externo para que exista uma adequação com o interno é uma valorização que a organização pode dar ao seu colaborador.

Projetos bem estruturados e bem executados são enraizados na organização levando a uma nova mudança a ser agregada na cultura da empresa. O RH envolver-se com o passivo trabalhista é estar envolvido com a satisfação do ser humano ainda como colaborador daquela empresa.

Infelizmente o sinal de alerta quanto ao passivo trabalhista somente é aceso quando a situação está crítica (elevado número de causas perdidas). Esse numerário financeiro começa a fazer parte de alguma forma das "despesas fixas" da organização. E quando esse sinal de alerta é aceso, é hora de formar uma ótima equipe e iniciar o grande trabalho de estudo, tratativa e prevenção.

Para fazer o trabalho de prevenção, antes é necessário entender o cenário atual e dos últimos meses em que ocorreram processos trabalhistas. Após todo o estudo que resultará na criação de um embasamento para futuros planos de ação corretivos é que se poderá se iniciar o trabalho preventivo.

Nessa fase inicial de estudos, é interessante criar medições se baseando nos últimos seis meses respondendo às perguntas:

1 - Quantos processos foram abertos mensalmente?
2 - Houve causas perdidas dos processos fechados?
3 - Quais foram as queixas?
4 - São de qual setor?
5 - Quais as funções?
6 - Quanto o passivo trabalhista compromete dos recursos financeiros da organização?

Dessa forma, deve-se criar um indicador inicial para que após tratativas possa analisar se houve resultado.

Validando a fase de estudo, é necessário iniciar um mapeamento efetuando a leitura de todos os processos em aberto atuais e dos processos com a causa perdida dos últimos seis meses. Relacionar as principais queixas, de quais setores aquele colaborador fez parte, quem era o gestor e qual função exercia. Deve fazer um levantamento com dados que sirvam como base para ações a serem tratadas. Verificar de fato quais informações serão necessárias para um projeto de ações corretivas.

A partir do mapeamento executado, todas as ações geradas deverão ter seu indicador como uma forma de termômetro validador. Se as ações forem muito bem planejadas e executadas, esses indicadores irão responder de acordo com seu sucesso ou não no futuro.

Essas ações justamente entram na fase de dar tratativa ao que já está acontecendo, são elas que darão uma base para o trabalho da prevenção do passivo trabalhista. Esse debruçar sobre o problema deve ser feito para que a empresa entenda suas particularidades internas e possa exaltar uma melhor gestão das pessoas que trabalham ali.

É muito importante o RH efetuar um gráfico comparativo do resultado antes e depois das ações para apresentação aos executivos da empresa. Gerar importância ao trabalho desenvolvido e o impacto financeiro positivo gerado.

O envolvimento do trabalho deverá ser com todos os gestores, diretoria e presidência da empresa. O Jurídico é uma peça muito importante para avaliar todos os pontos atuais e passos a serem dados de acordo com a legislação.

Caso a empresa tenha apresentação de resultados nas reuniões mensais, é de grande valia que o passivo trabalhista seja apresentado para maior envolvimento de todos os gestores e também dos executivos investidores da empresa.

Quanto à responsabilidade do executivo para a melhoria do seu passivo trabalhista, ele deve adotar algumas práticas como:

Investimento no setor de Recursos Humanos

O setor de RH deve ser conhecedor principalmente de assuntos ligados a desvios nas atividades das funções que venham a gerar um passivo trabalhista. Deve ser o setor mais atualizado quanto à legislação trabalhista.

Advocacia Preventiva

A equipe de advogados que trabalha com processo trabalhista deve efetuar visitas aos setores/áreas da organização verificando possíveis objetos que não estejam dentro das leis trabalhistas. Deve contratar equipe de advocacia que exerça ações preventivas aos processos trabalhistas.

Segurança do Trabalho

A equipe de segurança do trabalho deve ser dinâmica e ativa. Promover reuniões com os colaboradores para escutar suas queixas, passear pelos ambientes para perceber possíveis desvios de condutas, assegurar que todos os colaboradores estejam utilizando EPIs de forma adequada para evitar acidentes de trabalho e autuar aqueles que possivelmente não estejam seguindo o regimento de segurança de acordo com a lei.

Documentos do Colaborador

Durante o período do colaborador ativo, atentar-se muito à documentação e seu arquivamento. Criar dossiês de toda a história deles dentro da organização. Saber arquivar os fatos de maior relevância. CAT, fichas de EPI, PPP (Perfil Profissiográfico Previdenciário) e outros. Dessa forma, acionado o processo trabalhista, toda a documentação do colaborador estará concentrada em um só local.

Auditorias

Efetuar auditorias para verificar possíveis falhas do processo. Pode ser uma comissão interna de auditoria para averiguar:

- Documentos arquivados;
- Documentos sem assinatura;
- Folha de Pagamento;
- Folha de Ponto.

Desta forma a equipe validará o bom andamento de um trabalho preventivo do passivo trabalhista.

A equipe de prevenção responsável deverá atuar constantemente na gestão de riscos e no controle de processos trabalhistas. Manter o controle dos motivos que levaram a esses processos, tendo em vista a manutenção do projeto. Estar sempre alerta identificando, entendendo e gerenciando cada notificação que gera o passivo trabalhista.

Utilizando-se desses recursos a empresa obterá o propósito para a qual foi constituída, que é o fim social e econômico, o que traduz em promover empregabilidade e gerar lucro.

8 RH

Marcelo Antonio da Silva

Gestão estratégica no futebol
A importância da gestão estratégica nas organizações desportivas para o desenvolvimento humano e alcance de resultados

Marcelo Antonio da Silva, MBA

Diretor da Liga Sergipana de Coaching. Bacharel em Ciências Contábeis pela Universidade Federal de Sergipe. MBA em Gestão Empresarial e Inteligência Organizacional pela Faculdade de Administração e Negócios de Sergipe. Funcionário do Banco do Estado de Sergipe. Professor em Gestão Estratégica. Professional, Personal e Master Mentoring & Coaching Holo-Sistêmico ISOR ® pelo Instituto Holos. Palestrante nas áreas Vocacional, Carreira, Comportamental e Esportiva.

(79) 98804-6331

marcelocoach.se@gmail.com

@marceloantonio.silva0

> *"Uma empresa sem estratégia faz qualquer negócio!"*
> Michael Porter

Futebol do tamanho do mundo

A expressividade do futebol no mundo é revelada pelos 211 países-membros associados à Fédération Internationale de Football Association (FIFA). Os números de membros superam os 193 países-membros da Organização das Nações Unidas (ONU).

O grande número de participantes na FIFA é uma constatação da relevância do futebol como atividade esportiva global de grande influência nas mais diversas regiões do mundo, reunindo em um mesmo propósito desportivo diversos países. Essa multidiversidade é o ponto de conversão para uma modalidade desportiva com excepcional volume financeiro e transações de recursos.

O Brasil é o país do futebol. Essa frase destaca o orgulho de um povo que possui como marca registrada a paixão por um esporte no qual é pentacampeão mundial até então. Contudo, se questionarmos aos críticos e profissionais da área esportiva ligados ao futebol acerca da frase, teríamos respostas amplas. Seria o Brasil o país do futebol pelos títulos e pelo sentimento que envolve o público, desconsiderando a eficiência de uma gestão que se exige no mercado do futebol?

O fatídico 8 de julho de 2014 virou um marco para o futebol brasileiro. Como país-sede daquela Copa do Mundo, a Seleção Brasileira perdeu nas semifinais por 7-1 da Seleção da Alemanha em pleno Estádio do Mineirão. Naquele momento, várias questões foram discutidas. Não se limitou à estratégia utilizada dentro das quatro linhas, mas principalmente à transparência e profissionalização na forma de conduzir o futebol no Brasil.

A ausência de profissionalismo na gestão, administração passional e o elevado grau de endividamento dos clubes são citados como os principais problemas do futebol brasileiro. Muitos dos gestores não recebem remuneração, bem como atribuições não são bem definidas.

O grau de endividamento dos clubes brasileiros, evidentemente, deve ser visto com cautela. Com mais de 28 mil atletas de futebol atuando no Brasil, os contratos de cifras elevadas contrastam com os 82,4% que recebem salários abaixo de R$ 1.000,00.

A diversidade característica dos clubes de futebol evidencia que não há um modelo de gestão único e comum a todos os clubes. Os 776 clubes profissionais registrados na CBF estão distribuídos por todo o Brasil, ou seja, várias peculiaridades regionais que são inerentes. Para conservação da identificação do torcedor com o seu clube as características devem ser respeitadas.

Contudo alguns aspectos na gestão devem ser observados para não se cometer falhas: sobrevalorização do conhecimento empírico em detrimento dos procedimentos científicos; gestão do imediato, ou seja, ausência de uma visão estratégica organizacional; e ilusão de resultados em curto prazo, visto que alcançado o resultado o planejamento vai ao esquecimento, bem como há acomodação dos gestores. O aprimoramento da gestão com viés estratégico é fundamental para que uma organização tenha sua continuidade de forma a produzir resultados.

Recursos Humanos no futebol brasileiro

A maioria dos clubes brasileiros apresenta ênfase na alocação de pessoas em departamentos diretamente relacionados ao futebol. O nível de complexidade varia conforme a exigência das atividades específicas. Não desconsiderando a necessidade da estruturação setorial, os custos para manutenção não são mensurados para a sua devida alocação.

Com o Regulamento de Licença de Clubes da CBF de 2017, os clubes deverão possuir profissionais remunerados e com qualificação técnica para exercer a gestão das seguintes diretorias ou equivalentes: Geral, Financeiro, Administrativo, Comunicação e Marketing. Exceto o diretor geral ou equivalente, todos os diretores poderão ser profissionais externos autorizados pelo clube, mediante contrato formal e escrito.

As adequações gradativas têm como objetivo eliminar o caráter não profissional da gestão, além de departamentalizar e estabelecer responsáveis para cada área. Os clubes devem avaliar não apenas o impacto financeiro, mas principalmente realizar a devida seleção ou contratação dos profissionais que detenham competências técnicas para assumir o cargo.

É recomendável ao clube inserir no contexto um núcleo específico para elaboração do planejamento estratégico do clube. Uma das características da Gestão Estratégica é apresentar um planejamento com esse viés, sendo assim, elencar as pessoas participantes deste processo, os estrategistas e os mobilizadores:

Estrategistas são pessoas capazes de estrategicamente estabelecer uma visão em longo prazo e identificar caminhos para alcançar esta visão. São pessoas capazes de influenciar e de convencer. São potenciais agentes de transformação das organizações. Mobilizadores são líderes orientados para a ação. São pessoas com disciplina na execução e capazes de mobilizar outras pessoas para seguir a nova direção definida.

No momento inicial, a pessoa que possui a incumbência do processo deve convidar a alta direção bem como as pessoas que contribuirão na formulação, implementação da estratégia e acompanhamento dos resultados.

Categoria de base

Um dos significados da palavra base é aquilo que serve de apoio, de princípio ou fundamento. A importância da base é pela sustentação que se concede à estrutura. A categoria de base no futebol não foge ao significado da palavra, contudo, apresenta diversas peculiaridades que devem ser observadas pelo gestor de um clube de futebol.

A estrutura a ser concedida deve ter o foco na construção do ser humano. Muitos dos atletas que estão atuando não serão aproveitados pela equipe principal, não sendo efetivados como profissionais. A responsabilidade da gestão é ampla, pois não se trata apenas de ter expectativas em formar grandes atletas, vislumbrar negócios futuros, ou simplesmente constar que possui uma categoria de base. Sairão dessa categoria futuros profissionais de diversas áreas.

É salutar que o mesmo acompanhamento dado à equipe profissional seja feito na categoria de base, evidente que com inclusões de profissionais como: psicopedagogos, pedagogos, médicos específicos etc. A importância de apresentar estrutura similar é gerar cenário semelhante, buscando a uniformização da metodologia para melhor adaptação do atleta da base quando de sua ascensão à equipe principal.

Ressalte-se que mesmo com novas formas de seletiva de atletas, não limitadas às "peneiras", os clubes fixam parcerias com escolas de futebol, bem como outros clubes. Quando possível, a metodologia deve ser repassada aos parceiros. A carreira do atleta em seu início será sustentada com os princípios do clube e preparação para sua possível profissionalização.

Equipe profissional

A abrangência do futebol em um país continental gera múltiplas realidades, entretanto como o mercado do futebol é sempre "oxigenado", motivado pelo próprio tempo de vida profissional do atleta, a condição de trabalho do atleta de futebol no Brasil é considerada uma das piores do mundo.

Os atletas, além de receberem salários em sua grande maioria baixos, possuem um tempo médio de contrato de 10,7 meses. Não desfrutam de descanso semanal e ainda têm comprometimento dos finais de semana. O suporte médico abaixo do adequado ou insatisfatório faz com que a qualidade de trabalho do atleta brasileiro interfira diretamente no seu desempenho. Alguns possuem atividade secundária e é necessário o apoio familiar para seu sustento.

A ausência de recursos e celebração de contratos que possivelmente serão descumpridos gera um potencial nível de endividamento e passivos trabalhistas elevados. Possuir receitas que assegurem o pagamento da folha dos atletas é um fundamento óbvio para qualquer organização perante seus empregados, entretanto o futebol tem peculiaridades que devem ser contempladas. Parceiros, bem como programas de sócios-torcedores, são *cases* que têm apresentado resultados em diversos clubes no mundo e no Brasil.

Alguns clubes buscam o desenvolvimento dos atletas não apenas em suas competências técnicas específicas. Prover capacitação na área esportiva favorece que a relação dos atletas com dirigentes seja mais focada. Uma comunicação assertiva favorece que conflitos se encerrem em consenso. A transparência característica do planejamento estratégico serve de apoio para que os profissionais possam saber quais os reais objetivos do clube.

Outros profissionais são importantes para que os atletas mudem sua mentalidade e possam desenvolver competências comportamentais. Atualmente, profissionais que atuam com Coaching propõem resultados satisfatórios através de palestras preparatórias, agendas em grupo e individuais. Levando em conta as adversidades da profissão, na qual os profissionais são submetidos a muitos estressores, provocar positivamente os atletas amplia o foco no resultado individual e do grupo.

Não apenas as habilidades específicas ao futebol do atleta devem ser desenvolvidas. O desenvolvimento humano parte dos pontos técnicos e emocionais, esse tratamento é que faz com que o atleta tenha estrutura para trazer resultados à equipe.

Comissão técnica

Se considerarmos o chavão popular "em time que está ganhando não se mexe", também poderíamos adaptar a frase para "em time que está perdendo se demite o treinador". Fica evidente a intenção quanto a essa adaptação, haja vista a responsabilidade concentrada ao treinador de futebol.

Decisões respaldadas em indicadores asseguram objetividade e clareza para realizar possíveis correções e em consecução atender a visão que foi definida na elaboração do planejamento. As metas e indicadores que impactam no desempenho do treinador de futebol devem ser discutidos com a diretoria. Evidente que não se trata de uma elaboração simples, mas deve ser uma garantia para que não seja realizada a gestão do imediato.

O ex-atleta, treinador e atual presidente da Federação Brasileira de Treinadores de Futebol, José Mário de Almeida Barros, afirma: "O futebol virou negócio e piorou, principalmente, para o treinador. A cada temporada trocam, pelo menos, 40% dos jogadores do grupo. Há excesso de integrantes na comissão técnica. Comissão permanente do clube. Atrasos de pagamentos e mesmo com a rescisão eles não pagam".

A competência de gerir conflitos é inerente à atividade do treinador de futebol e isso deve ser observado. Afinal o ambiente de uma equipe possui características que devem convergir para o objetivo do clube. Para Leandro Sena - ex-atleta e treinador de futebol –, "o treinador atual deve, primeiramente, ser um profundo conhecedor do futebol e atuar na função com liderança e personalidade... A característica do treinador atual, na minha visão, deve ser sua capacidade de persuasão".

Estabelecer boas relações interpessoais seja com atletas, seja com dirigentes é importante para que o clima organizacional seja positivo. Comunicação direta atenua interpretações equivocadas reduzindo o espaço para especulações ou informações desnecessárias.

Projeto de Lei 7.560/2014 (Lei Caio Júnior)

O projeto de lei batizado de "Lei Caio Júnior" vem com o objetivo de assegurar ao treinador melhores condições de trabalho, tais como: contrato mínimo de seis meses; contratação de novo treinador desde que as obrigações rescisórias do anterior estejam quitadas; jornada de trabalho desportiva de 44 (quarenta e quatro) horas semanais; repouso semanal remunerado de 24 (vinte e quatro) horas etc.

Para José Mário, "os dirigentes não têm outra solução a não ser mudar a maneira de conduzir as finanças dos clubes. Eles precisam respeitar mais as leis e devem ser responsabilizados por qualquer má administração do clube".

Conclusão

O desenvolvimento de gestores e todos que compõem o clube aliado ao monitoramento dos aspectos políticos, ambientais, sociais, tecnológicos e econômicos de forma sistematizada é um requisito essencial para uma boa condução. Atender a investidores, parceiros e torcida exige uma visão holística do ambiente em que se posiciona. Todos os aspectos influenciam em seus recursos humanos. As repercussões de decisões imediatas podem comprometer não apenas a competitividade que é necessária ao clube mas, principalmente, sua existência.

REFERÊNCIAS BIBLIOGRÁFICAS

KOTLER, P.; e ARMSTRONG, G. **Introdução ao Marketing.** 4ª ed. LTC, 2000.

LIMA, P. V. L. **Gestão Estratégica: o caminho para a transformação.** INDG, 2008.

CARSON, M. **Os campeões: por dentro da mente dos grandes líderes do futebol.** Tradução de Candice Soldatelli. Caxias do Sul, RS: Belas-Letras, 2015.

2016 FIFPRO GLOBAL EMPLOYMENT REPORT. Hoofddorp, Netherlands. Fifpro Word Players Union.

RAIO-X do futebol: número de clubes e jogadores. Disponível em: < http://www.cbf.com.br/noticias>. Acesso em: 10 set. 2017.

RAE - Revista de Administração de Empresas, vol. 46, n. 3, jul-set 2006.

9 RH

Maria Tereza Ettinger Oliveira

Competências na gestão de pessoas

Ma. Maria Tereza Ettinger Oliveira

Administradora de Empresas e mestre em Administração de Recursos Humanos pela Universidade Federal da Paraíba (2001). Professora universitária, orientadora de vários trabalhos de conclusão de curso, atuando nas áreas de Recursos Humanos, Gestão Estratégica, Desenvolvimento Humano, Motivação, Comportamento Humano e Gestão Empresarial.

(79) 99940-7018 / (79) 3255-3145
lutett@hotmail.com
tecaettinger@bol.com.br

O convite para participar deste livro chegou de forma inesperada, mas, ao mesmo tempo, recebido como um presente, pois desejava ter a oportunidade de expor de forma simples algumas colocações sobre a gestão de pessoas na perspectiva da competência, tema tão importante no âmbito das organizações.

Graduada em Administração de Empresas e com um mestrado em Administração de Recursos Humanos, sempre quis aprofundar o porquê de tantas idas e vindas nas empresas como também a falta de interesse das pessoas no desenvolvimento de suas atividades.

A docência veio logo após o término do mestrado e com isso pude por meio das disciplinas, principalmente as voltadas para a Gestão de Pessoas, levar aos alunos pontos questionáveis sobre a forma de conduzir pessoas através de suas competências e de que forma elas podem agregar valor para as organizações.

Partindo desse princípio, a ideia da elaboração deste capítulo foi a de abordar alguns pontos interessantes dentro da Gestão de Pessoas que pudessem ser úteis e aplicáveis num mercado tão exigente.

Diante disso, voltei a atenção para a produção científica na área com a finalidade de aprofundar o entendimento do assunto em questão, especialmente quanto ao que já foi publicado, considerando a atualidade e a cientificidade do referencial teórico pesquisado. Desse modo, foi possível observar que vários artigos, documentos e livros abordam o tema Competências. Mas, qual a sua relação com a Gestão de Pessoas? Qual a necessidade de se exigir competências de candidatos num processo seletivo? O que tem levado o mercado e as organizações a buscarem pessoas que possam agregar valor às organizações? Essas e outras indagações foram priorizadas neste capítulo, buscando esclarecer e ampliar o entendimento do tema abordado.

Ademais, cabe destacar que o assunto **competências na gestão de pessoas** faz parte do cotidiano das organizações contemporâneas, especialmente por contemplar atitudes, habilidades, condutas, conhecimentos e posturas dos colaboradores direcionadas ao desempenho eficiente de uma determinada responsabilidade assumida, considerada necessária ao alcance das metas e objetivos da empresa. Contribuindo fundamentalmente para a identificação e o desenvolvimento de talentos, oportunizando situações de sucesso e movimentação interna, muitas delas associadas ao alcance de realizações e desejos pessoais em diferentes contextos laborais.

Origem do termo

Diante da necessidade do mercado de ter pessoas talentosas, que agreguem valor às organizações e que possam competir globalmente, teve início a busca por diferenciais competitivos, como inovação, criatividade, pessoas com aprendizado contínuo, agilidade, e que possam a qualquer momento ter a capacidade de decidir para o melhor da empresa. É comum encontrar os termos "conhecimento, habilidade e atitudes" para se definir competência.

A empresa que tem visão competitiva deve transformar não só a si própria, mas também a todos os setores, estabelecendo uma nova referência para os que atuam nela, criando condições de desenvolvimento, criatividade e consequentemente gerando comprometimento.

De acordo com a figura 1, competência é integração, sendo a coordenação uma manifestação do 'saber', 'saber fazer' e 'querer fazer'. A Competência exige Conhecimento, Habilidade e Atitude (CHA).

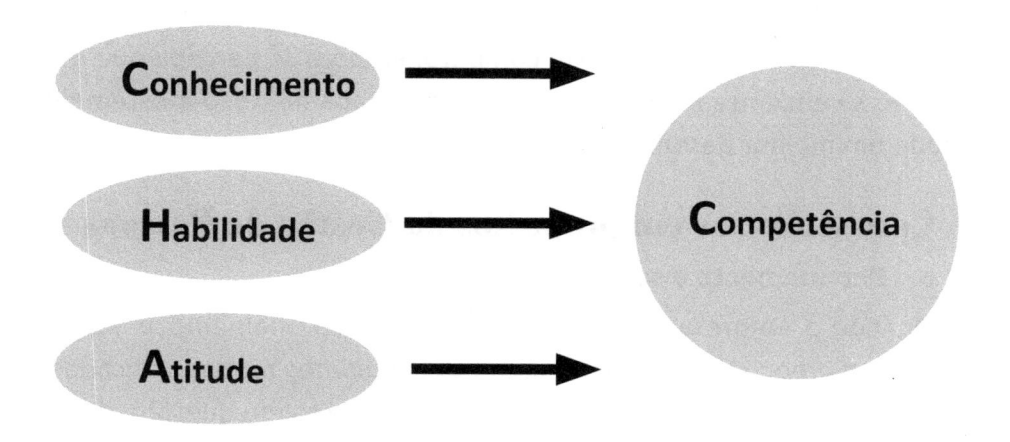

```
Conhecimento  ──▶
Habilidade    ──▶   Competência
Atitude       ──▶
```

Assim, pode-se afirmar que "[...] [competência] é um conjunto de conhecimentos, habilidades e atitudes específicas, que permitem ao indivíduo desempenhar, com eficácia, determinadas tarefas, em qualquer situação, de forma peculiar" (RABAGLIO, 2005, p. 3). Leme (2005) complementa acrescentando que conhecimentos, habilidades e as atitudes são os pilares das competências.

O conhecimento é o saber, é o que se aprende nas universidades, nos livros, no trabalho; a habilidade é o saber fazer, é a utilização dos conhecimentos no dia a dia, e a atitude é o querer fazer, a vontade de fazer algo. A Gestão de Pessoas precisa ser fundamentada em competências, a fim de que possa alavancar seus negócios, com a finalidade de atingir seus objetivos e metas.

O maior ativo das organizações são as pessoas e estas são ativos intangíveis de valor elevado, tornando-se fundamental para as empresas adotar um modelo de competências em gestão de pessoas. Já que esse tipo de gestão exerce uma influência muito forte, tanto na especificação de um anúncio para atrair pessoas, na triagem e seleção, quanto na forma de treinamento, desenvolvimento e, enfim, em todos os processos relacionados ao seu desenvolvimento. Para Banov (2010, p. 23), "o foco deixa de ser o cargo e passa a ser a pessoa".

Ter conhecimento (saber), ter habilidade (saber fazer) e ter atitude (querer fazer) precisam andar em conjunto, embora se perceba que muitas vezes se encontra essa tríade atuando separadamente, o que tem dificultado um melhor desempenho nas organizações.

Competências em processos da Gestão de Pessoas

- **Recrutamento e seleção**

Quando a empresa inicia um processo de Recrutamento e Seleção (R&S) deve preocupar-se com a busca por candidatos mais qualificados e que venham a preencher o perfil exigido para o cargo em questão, dentro das expectativas desejadas, considerando a cultura da empresa.

De acordo com as suas necessidades, a empresa relaciona uma série de atividades que deverão ser normalmente desenvolvidas pelo candidato, como: o perfil exato da função; análise minuciosa de currículo, apresentação dos candidatos ao ambiente da empresa; aplicação de dinâmicas, com o intuito de identificar o perfil do candidato, bem como uma bateria de testes psicológicos (se necessário) e ainda prova de conhecimento técnico, seguido de entrevista.

Entretanto, não significa dizer que o conjunto de conhecimentos, habilidades e atitudes que o candidato apresente venha a garantir que os objetivos organizacionais sejam atingidos (DUTRA, 2001).

- **Treinamento e desenvolvimento**

Segundo Boog e Boog (2006, p.10), o T&D tem passado por várias mudanças, principalmente com base no âmbito cultural e econômico das empresas, como também ambientes, como o da competitividade e da excelência de processos, produtos, serviços e visões de rumos e tendências. A necessidade de preparar o ser humano de forma que este deixe de lado o conformismo e parta para novas emoções, sentimentos de agregar valor não só para si como também para as organizações, tem movimentado o RH a utilizar novas práticas de treinamento, visando os conhecimentos que possam ser agregados à organização.

Algumas organizações utilizam procedimentos para determinar as necessidades de treinamento: na avaliação de desempenho, análise de requisitos do trabalho, análise organizacional e pesquisa de recursos humanos. (STONER; FREEMAN, 1994, p. 286).

Com relação ao desenvolvimento gerencial, este tem por objetivo proporcionar maior eficácia dos gerentes em seus cargos e prepará-los para possíveis ocupações no futuro. Anteriormente se preparava um programa e este era aplicado aos gerentes independentemente de suas diferenças individuais. Hoje, habilidades, experiências e personalidades são percebidas individualmente. Igualmente, os métodos de treinamento aplicados oferecem maior oportunidade de ser ajustados ao indivíduo, devido à proximidade e ao contato com a atividade a ser desenvolvida.

Cabe ressaltar a necessidade de se documentar os eventos de treinamento; orçar os investimentos; apresentar o plano de treinamento para aprovação; execução e vários outros que visam agregar benefícios ao bom desempenho do processo.

▪ Avaliação de desempenho

Geralmente quando se fala em avaliação de desempenho as pessoas tendem a ficar preocupadas pensando se tratar de um método para punir ou mesmo demitir. Trata-se de um processo utilizado pelas organizações no sentido de se poder apreciar e analisar as pessoas dentro do seu ambiente de trabalho.

Segundo Leme (2006, p.7), toda empresa vive de resultados e é feita de seus colaboradores. Daí a afirmação de que o maior capital das empresas é o capital humano. Mas o capital humano precisa trazer resultados, caso contrário a organização não sobreviverá nem para ela mesma, nem para seu capital humano.

A organização precisa capacitar seu pessoal, incentivá-lo, dar condições de melhor desenvolvimento, fazendo-os entender a fundamental importância que é a agregação de valor à empresa, e isso se faz através de competências, comprometimento e o querer fazer. "A avaliação de desempenho é uma das tarefas mais importantes do administrador, mas a maioria deles admite abertamente que esta lhes causa dificuldades" (STONER; FREEMAN, 1994, p. 288).

Algumas expressões são usadas para definir a avaliação como: avaliação informal de desempenho e avaliação sistemática formal. A primeira refere-se ao processo contínuo de fazer retornar ao avaliado informações de como ele desempenha suas atividades; e a segunda, como forma de classificar o desempenho do subordinado, se há merecimento de promoções, aumentos ou mesmo aqueles que necessitam de treinamento para melhorar suas atividades.

Mas, tanto uma forma quanto a outra têm seus problemas com relação ao avaliado, pois muitas vezes ficam na defensiva, ressentidos e quando não chegam a se tornar deficientes em seu desempenho. É preciso conscientizar a todos da existência do processo avaliativo dentro da empresa, e que esse processo visa tão somente identificar pontos positivos e melhorar os negativos porventura existentes. É preciso visualizar a avaliação de desempenho como um processo que possa desenvolver os envolvidos, fazendo-os crescer dentro da realidade organizacional.

Existem várias formas de avaliação de desempenho, mas não existe a melhor forma e sim aquela que condiz com a cultura da empresa. O que se espera é que a avaliação seja sempre aplicada dentro de um clima de respeito e credibilidade, pois só assim as organizações terão colaboradores mais comprometidos e confiantes na ética e profissionalismo de seus gestores.

■ Remuneração baseada em competências

Foi na década de 1960, mais precisamente nos Estados Unidos e Canadá, que o conceito de remuneração por competência surgiu. A partir do momento em que os profissionais passaram a ter maturidade, algumas empresas procuraram empregar um novo conceito para a remuneração que pudesse alinhar as estratégias organizacionais relacionadas às políticas de recompensas pelos desempenhos de cada profissional. (LOPES, 2012).

Hoje, ante o crescente aumento da competitividade, a qualificação exigida cada vez mais dos empregados e a preocupação das empresas em proporcionar melhores salários em troca do que o empregado pode acrescentar à empresa, é comum remunerar colaboradores.

Os fatores determinantes de bom desempenho são competências e habilidades. Isso não quer dizer que não se deva dar importância ao tempo que o empregado tem na empresa, é que isso deixa de ser referência principal, passando-se a exigir de cada colaborador os valores agregadores à empresa. (RESENDE, 2002). De acordo com Resende (2002, p.7-8), são duas as observações a respeito desse modelo de remuneração:

> *1. Não se trata de modismo. Constitui uma evolução do modelo tradicional, corrigindo algumas de suas deficiências em termos de pressupostos e metodologias e acrescentando-lhe alguns aspectos inovadores. Embora fundamentais e de grande significância, as mudanças relacionadas com remuneração ocorrem mais na parte referente à diferenciação salarial entre pessoas e menos nos critérios de determinação do valor relativo dos cargos.*
>
> *2. A quantidade e significação dos novos paradigmas de remuneração e também de carreira introduzidos pelo novo modelo agregam muitos e efetivos valores e resultados à gestão de pessoas, o que nos faz acreditar ser uma das mais importantes evoluções já ocorridas na Administração de RH em todos os tempos.*

Isso demanda uma nova forma de organização de trabalho, o que exige dos colaboradores mais comprometimento com os resultados, fazendo com que as organizações passem a buscar profissionais que possuam iniciativa e direcionamento estratégico, com maior domínio tecnológico e acima de tudo com visão sistêmica de seu processo de trabalho. Nessa perspectiva, "remunerar com base em competências pressupõe a identificação dos níveis crescentes de complexidade em cada carreira ou eixo de carreira". (SOUZA; BITTENCOURT; PEREIRA FILHO et al., 2005, p.57).

A remuneração por competência tem pagamento mensal ou anual, variando de acordo com a avaliação do desempenho, não sendo fixa. A avaliação do desempenho afeta diretamente a remuneração da pessoa e todos os funcionários podem receber ganho adicional conforme o desempenho alcançado. Ao contrário da remuneração tradicional onde o salário é fixo, a avaliação do desempenho não afeta a remuneração da pessoa e não motiva nem estimula envolvimento com o negócio da empresa.

Segundo Sousa, Bittencourt, Pereira Filho et al. (2005, p. 65), "na empresa todos os níveis hierárquicos, desde os empregados que ocupam posições operacionais até o corpo gerencial, são abrangidos pelo sistema de remuneração por competência". Trata-se de uma tendência para as organizações competitivas que visam um futuro diferenciado e buscam cada vez mais profissionais que possam compartilhar dos negócios da empresa.

Assim, pode-se afirmar que "a remuneração por competência consiste em remunerar as pessoas por seus atributos, conhecimentos e qualidades pessoais e interpessoais. Quanto maior o conhecimento útil para a empresa maior deve ser a remuneração, desde que esse conhecimento seja comprovado". (LACOMBE, 2005, p.164).

A Gestão da Competência, além de ser uma tendência na área de Gestão de Pessoas, pois cada vez mais empresas utilizam práticas ligadas a esse tipo de gestão, também é um método de trabalho eficiente e eficaz para recrutar, treinar, avaliar e remunerar profissionais.

REFERÊNCIAS BIBLIOGRÁFICAS

BANOV, M. R. **Recrutamento, seleção e competências**. 4. ed. São Paulo: Atlas, 2010.

BOOG, G.; BOOG, M. **Manual de treinamento e desenvolvimento**: processos e operações. São Paulo: Pearson Prentice Hall, 2006.

DUTRA, J. de S. **Gestão de competências**. São Paulo: Ed. Gente, 2001.

LACOMBE, F. **Recursos humanos** – princípios e tendências. São Paulo: Saraiva, 2005.

LEME, R. **Avaliação de desempenho com foco em competência** – a base para remuneração por competências. Rio de Janeiro: Qualitymark, 2006.

LOPES, M. C. D. **Um estudo sobre remuneração por habilidades e competências.** [S.l.]: RH.com.br, 2012. Disponível em: <www.rh.com.br>. Acesso em 12 ago. 2016.

PINTO, S. R. da R. P. et al. **Dimensões funcionais da gestão de pessoas**. Rio de Janeiro: FGV, 2005.

SOUZA, M. Z. de A. et al. **Cargo, carreiras e remuneração.** Rio de Janeiro: FGV, 2005.

RESENDE, E. **Remuneração e carreira baseadas em competências e habilidades**. Rio de Janeiro: Qualitymark: ABRH-Nacional, 2002.

STONER, J.A.F.; FREEMAN, R. E. **Administração**. Rio de Janeiro: LTC, 1994.

10 RH

Martha Barbosa Machado

Ser RH: um eterno aprendiz

Martha Barbosa Machado

Professional and Self Coach Internacional pelo IBC, Brascoaching e também formada pela metodologia americana The Inner Game – the essence of Coaching, com Timothy Gallwey. Mestra em Educação Brasileira, especialista em Gestão de Pessoas, Planejamento e Marketing e Pedagogia Organizacional, consultora credenciada do Sebrae, além de formação na DEP – Dinâmica Energética do Psiquismo e Jin Shin Jyutsu. Foi coordenadora em diversas faculdades de Maceió, pró-reitora de Recursos Humanos da Uncisal – Universidade Estadual de Ciências da Saúde de Alagoas. É *coach*, especializada em desenvolvimento de carreiras e pessoas, professora de pós-graduação de diversas instituições de ensino, diretora da Anima Consultoras Associadas, diretora da SerHuno – Terapia complementar e alternativa, palestrante e Jin Shin Jyutsu Practitioner.

martha.al.barbosa@uol.com.br
(82) 99123-1880 (WhatsApp)
(82) 98866-7149
www.vivernaharmonia.com.br

Há mais de 29 anos trabalho na área de Gestão de Pessoas. Cada dia me encanto e me surpreendo com as mudanças, transições e solicitações que demandam das diversas instituições e dos diversos gestores a quem tenho prestado meus serviços.

Sou docente em pós-graduação, consultora organizacional e servidora pública lotada no setor de Qualidade de Vida em um hospital público. Desenvolvo atividades como consultora Coaching na área de Carreira e Desenvolvimento de Líderes tanto no serviço público como no privado utilizando a arte chamada **Jin Shin Jyutsu**®[1].

Através deste artigo compartilho como tem sido desenvolver atividades na área de RH. Comecei liderando equipes na década de 80, e tinha uma forma diferente de lidar com pessoas; nos anos 90, fui trazendo as novas mudanças e os novos conceitos e incorporando os aprendizados e no novo século (XXI) tenho procurado levar as inovações, reflexões, inquietações e novas possibilidades para essa área de Gestão de Pessoas, que é tão fundamental nas empresas e na vida de seus colaboradores

Abordo o perfil comportamental dos líderes das organizações, trazendo conceitos e experiências quanto ao perfil: Comunicador, Executor, Planejador e Analista. Ao longo da caminhada, tenho percebido que possuímos os quatro perfis e que, dependendo do nosso momento de vida, cada um deles poderá assumir o controle, proporcionando resultados diferentes.

Na finalização, apresento sugestões, possibilidades e encaminhamentos que possibilitam melhor gestão na área de RH.

---
[1] **Jin Shin Jyutsu**® Fisio-Filosofia é uma arte ancestral de harmonização da energia vital no corpo.

Introdução

O que é RH? Segundo Chiavenato (1981), Recursos Humanos (RH), dentro de uma empresa, é o setor que tem a responsabilidade de seleção, contratação, treinamento, remuneração, formação sobre higiene e segurança no trabalho, e estabelecimento de toda a comunicação relativa aos colaboradores da organização.

O gestor de RH é encarregado de gerenciar planos de carreira; determinar a política salarial, remunerações, incentivos e benefícios; avaliar a necessidade de contratação de novos colaboradores; demissões; elaborar estratégias e planos operacionais para recrutamento e proporcionar a integração de novos funcionários dentro da organização.

Outro conceito que devemos identificar é o de Gestão de Pessoas. O conceito de gestão de pessoas ou administração de recursos humanos é uma associação de habilidades e métodos, políticas, técnicas e práticas definidas, com o objetivo de administrar os comportamentos internos e potencializar o capital humano nas organizações.

O setor de GP possui grande responsabilidade na formação dos profissionais, e tem o objetivo de desenvolver e colaborar para o crescimento da instituição e do próprio profissional.

Breve análise do perfil comportamental

Apresento o Perfil Comportamental, ferramenta que tenho utilizado bastante nos processos de Gestão de Pessoas e de Coaching focado na carreira.

Percebo que, ao entrar em contato com essa metodologia baseada nas pesquisas e nos conceitos mais modernos da neurociência comportamental e em experiência de mais de duas décadas como consultora em gestão de pessoas, podemos orientar e ajudar os gestores a escolher os empregos, cargos, funções e profissões mais compatíveis com sua personalidade.

O Comunicador

Quando iniciei na área de RH tinha apenas 18 anos, e fui a "chefe" (termo utilizado nas décadas de 80 e 90) mais nova do Brasil, em uma das 53 lojas de departamentos de uma grande empresa. Ainda muito inexperiente como gestora de pessoas, era "vista" pela equipe como "mãezona". Protegia meus liderados, muitas vezes confundia os "papéis" e tinha dificuldade de dar limites. Mas trazia muitos resultados financeiros para a organização, por isso permaneci na liderança por muitos anos e cresci no plano de cargos e carreiras da instituição. Entretanto, compartilho o aprendizado dessa experiência que vivenciei.

Analisando o perfil do gestor de RH que é um comunicador nato, ele tem bom relacionamento hierárquico, se expressa de forma fluida, conduz muito bem as reuniões, sabe motivar a equipe, divulga todas as ações desenvolvidas, é "festeiro", sabe celebrar cada conquista e tem argumentos para cada situação desafiadora que se apresenta. Esse perfil traz muitos resultados, porém, é necessário analisar alguns aspectos:

- Existe mapeamento de perfil de cada membro da equipe para potencializar os resultados individuais?
- As atividades são descentralizadas? Ou "carrega" tudo e todos em suas costas?
- Delega as atividades acompanhando cada etapa do processo, avaliando e orientando o liderado com foco nos indicadores dos resultados?

Esse perfil é carismático, simpático, extrovertido, amoroso, sociável. Porém é importante observar que como gestor às vezes ele esquece de si para "priorizar" o outro, pode falar demais, pode ser indiscreto e superficial, pode se decepcionar facilmente quando suas expectativas e reconhecimento individual não são atendidos.

Mesmo que de forma inconsciente, fiquei presa nesse perfil durante anos, ou melhor, esse era o meu perfil mais evidente e foi um desafio perceber que não precisamos ser "bonzinhos" o tempo todo para sermos amados e queridos. O saber "dizer não" para o outro, para muitas vezes "dizer sim" para nós mesmos, é fundamental no processo de individualização e crescimento pessoal e profissional.

O Executor

Junto com o perfil de comunicadora, fui desenvolvendo outro perfil, agora de Executora. Esse perfil traz aspectos diferentes do anterior. Agora era mais exigente, cobrava mais, dava limites, não tinha muita paciência com as pessoas que não tinham o mesmo ritmo que o meu. Solicitava agilidade, rapidez e resultados, muitas vezes a um preço muito alto: não ter vida pessoal. Vivia para o trabalho e respirava resultados. O perfil Executor muitas vezes tem dificuldade em planejar. Então, o (re)trabalho às vezes acontecia e a exaustão também. Mas os resultados aparecem e a sensação de dever cumprido e realização também. A equipe sempre fica "exausta" e dependendo do nível de estresse o resultado fica a desejar. O Executor aprende que para se sentir respeitado e amado precisa produzir. Desenvolve um padrão que é assim: "Estou casado com meu trabalho", ficando em segundo plano o seu lazer, sua família e seu descanso. É um preço muito alto para a vida desses gestores.

Esse perfil traz muitos resultados, porém, é necessário avaliar alguns aspectos:

- Como está o fortalecimento das relações no meu entorno?
- Preciso ser tão competitivo?
- Tenho sido "agressivo"? Como tem acontecido a minha comunicação?
- Posso flexibilizar nos prazos e obter os mesmos resultados?

Esse perfil supera todas as dificuldades ou quase todas. Vence obstáculos, é criativo, inspira os membros da equipe. Se o gestor for capaz de harmonizar o seu aspecto mental/emocional, observando mais e obtendo uma comunicação mais fluida e sem julgamentos, vai longe.

O Planejador

O perfil Planejador tem sido um grande desafio para todos os gestores de RH. Lembro-me da primeira reunião a que fui convocada a participar. A gerente olhou para minhas mãos e perguntou: "Cadê a agenda?" Fiquei sem graça e voltei para pegar um "caderninho" e caneta. Desde esse dia, nunca mais fui a uma reunião sem uma agenda.

Às vezes, ficamos apenas "apagando incêndios" nas organizações. É necessária uma avaliação para perceber a necessidade de planejamento. Por que não realizarmos um diagnóstico situacional? Dessa forma levantaríamos muitas das necessidades em curto, médio e longo prazos do setor. Fiz levantamentos em cada empresa que trabalhei. Essa ferramenta traz clareza do momento que estamos vivenciando e, dessa forma, podemos propor novas atividades para dirimir as dificuldades e a partir daí trazer resultados. Tudo isso com avaliação do antes, durante e depois, e com novos resultados a partir de indicadores propostos para monitorar e acompanhar os resultados.

Aprender a planejar é essencial. E, muito importante: tirar o plano do papel e executá-lo. Senão fica só mais uma tarefa sem resultados.

Esse perfil traz muitos resultados, porém, é necessário avaliar alguns aspectos:

- Você entrega os resultados "improvisando" ou só trabalhando na pressão?
- Sente-se deslocado em trabalhar em ambiente com regras rígidas?
- Consegue ser criativo e trazer novos resultados?
- É detalhista e age calculando os riscos?

Desenvolver esse aspecto do planejamento traz melhor gestão do tempo, utilizando o planejamento a seu favor. Traz mais qualidade de vida, descentralizando as tarefas e formando novos líderes. Inspira as pessoas ao seu redor.

O Analista

O perfil Analista é aquele gestor de RH que consegue fazer a leitura dos cenários. Observa, percebe, sente e toma decisões com embasamento teórico e de cenários. Grande desafio! Perceber o "não dito", ampliando o "olhar" para os cenários econômico, financeiro e político. Todos nós, GPs, precisamos estar "antenados" com os acontecimentos.

O que está acontecendo na empresa, na cidade, no Estado, na região, no país, no mundo? Quais as tendências?

Na década de 80, a inflação aumentava diariamente, às vezes até duas vezes no dia. Precisávamos de profissionais hábeis para etiquetar toda a mercadoria da loja; era um trabalho imenso. Precisávamos estocar em grandes galpões alugados com esse propósito; comprávamos muitos produtos para ganhar na rotatividade.

Daí vem esse hábito de comprar e estocar para não faltar, mesmo hoje não mais precisando. Podemos sim, atualmente, comprar só o necessário para o período, levantando a real necessidade para não perdermos produtos nem prazos.

O setor de RH às vezes não possui verba para investir em capacitações, treinamentos, compras de produtos e serviços. É necessário planejamento anual para serem levantados esses recursos com antecedência, gerando assim novos resultados.

Quando fazemos a leitura de cenário de forma assertiva, tomamos decisões estratégicas, gerando menos perdas e aumentando a lucratividade da empresa.

Esse perfil traz muitos resultados, contudo, é necessário avaliar alguns aspectos:

- Precisamos realmente contratar? Demitir? Treinar?
- Possuímos colaboradores capazes de serem facilitadores?
- Possuímos banco de talentos?
- Como tem sido minha leitura de cenários? Existe? É assertiva?

O gestor de RH com esse perfil desenvolvido será mais estratégico.

Foi importante perceber que os quatro perfis comportamentais estavam comigo desde o início da carreira. E que a cada momento vivenciado e verificando a conjuntura, um ou mais de um dos perfis assumiam o controle de minhas ações. É importante compreender que todos eles se complementam e que ao equilibrarmos os quatro nos tornamos profissionais ainda mais conscientes, técnicos mais competentes e comprometidos e, consequentemente, mais envolvidos com o crescimento da organização.

Aprender a planejar, delegar, acompanhar e mensurar os resultados diariamente foi muito desafiador. Mas com uma equipe competente e disposta a aprender e ajudar foi possível dar alguns passos para trazer mudanças e novos resultados.

Qual a sua missão, gestor de RH? Qual o seu propósito? Qual o seu sonho? O que te move a continuar nessa área? Qual a sua visão? Onde deseja chegar? Alcançar? Quais as metas? Objetivos? Precisamos ter essa clareza; sem elas, não podemos ajudar outras pessoas a alcançarem novos resultados.

Tenho comigo reflexões: tenho sido uma fonte de inspiração? Posso falar sobre esse tema? Eu vivo o que eu prego?

Se não consigo organizar minha vida, como poderei organizar e sugerir mudanças na vida de outras pessoas? Na empresa?

Considerações finais

Ser um gestor de RH é uma missão de vida. É um privilégio trabalhar desenvolvendo pessoas. Sinto-me honrada.

Fiz e faço diversas formações na área de gestão/administração, área de planejamento e *marketing*. Muitas outras capacitações na área comportamental e de autoconhecimento. Todas elas me possibilitam um melhor desempenho pessoal e profissional. Precisamos aprender a mediar conflitos, fazer escutas sem julgamentos, empreender e observar.

Formações e cursos são investimentos e não custos, pois estaremos sempre nos atualizando e nos preparando para ajudar os novos colaboradores que chegam.

Ser gestor de RH é compreender que somos humanos, e, como tal, seremos eternos aprendizes! A sensação de gratidão é presença diária e faz muita diferença nos resultados conquistados.

REFERÊNCIAS BIBLIOGRÁFICAS

ADLER, N. **Coaching de executivos globais**. In: GOLDSMITH, M. (Ed.). Coaching: O Exercício da Liderança. Rio de Janeiro: Campus, 2003.

ARAUJO, A. **Coach, Um Parceiro para seu Sucesso**. São Paulo: Editora Gente, 1999.

BECKHARD, R. **A Organização do Futuro**: Como Preparar Hoje as Empresas de Amanhã. São Paulo: Futura, 1997.

BURMEISTER, A. **O Toque da Cura**. Ground.

CHIAVENATO, I. **Gestão de Pessoas**. Manole.

DI STEFANO, R. **O Líder Coach**. Rio de Janeiro: Qualitymark, 2005.

FERRAZ, E. **Seja a pessoa certa no lugar certo**. 6. ed. São Paulo: Ed. Gente, 2013.

MACHADO, S. **5 coisas que devemos saber, compreender e praticar para ser Feliz**. E-book. Disponível em: <www.vivernaharmonia.com.br>. 2016.

11 RH

Moabe Teles

O valor da Inteligência Emocional nos Recursos Humanos

Moabe Teles

Administrador; Contador; Master Coach; membro da Academia de Ciência de Administração de Sergipe; Membro fundador e diretor da Liserco - Liga Sergipana de Coaching; vice-presidente da Escola de Liderança Inspiradora - ELI; prof. universitário (graduação e pós-graduação); palestrante; escritor; jornalista, músico profissional, especialista em Arte Educação, Administração e Metodologia do Ensino Superior, MBA em Gestão Empresarial e Inteligência Organizacional e Doutor Honoris Causa em Administração. Consultoria em Marketing, Administração e Finanças empresarial e pessoal.

(79) 99136-0129
moabeteles@gmail.com
contato@moabeteles.com
www.moabeteles.com

A dinâmica mercadológica atual apresenta o acirramento da competitividade no mercado de trabalho tornando-se indispensável a aplicação de ferramentas que identifiquem e aperfeiçoem as habilidades dos colaboradores, promovendo, assim, a satisfação do indivíduo em seu local de trabalho.

É certo que o controle adequado das emoções possibilita a melhoria das relações interpessoais e consequentemente o maior comprometimento no trabalho, o que em regra se converte em aumento de produtividade com maior qualidade. Dessa forma, a Inteligência Emocional tem fundamental importância no equilíbrio e desempenho das atividades laborativas, munindo o profissional de um diferencial capaz de mantê-lo competitivo no mercado.

Inevitavelmente as emoções sempre nortearão as relações humanas e determinarão a satisfação ou insatisfação do indivíduo na execução das suas mais diversas atividades. Por essa razão, a Inteligência Emocional deve ser trabalhada para tornar os ambientes saudáveis, aptos a resoluções de problemas operacionais, intrapessoais e pessoais. O sucesso do indivíduo, indubitavelmente, ocorre em lugares onde ele se sente seguro, motivado, satisfeito e confortável para enfrentar os mais diversos desafios que se apresentam tanto no plano pessoal quanto no plano profissional.

Sendo o homem um ser social, a realização e a satisfação no trabalho são alguns dos principais deflagradores dos sentimentos de felicidade e bem-estar. Por conta disso, a aplicação da inteligência emocional nas atividades laborativas se torna indispensável para que ocorra a realização pessoal e profissional do indivíduo, posto que a inexistência de capacidade para lidar com as próprias emoções pode contribuir para o desequilíbrio do indivíduo, contaminando o ambiente profissional.

Primeiramente, conhecer-se a si mesmo, ter ciência do seu próprio estado emocional, para então reconhecer as emoções dos outros, perceber o que os motiva, e assim compreender os sentimentos daqueles com quem se relaciona pessoal ou profissionalmente. Observe que gerenciar as emoções é o oposto de sufocá-las. Dessa forma precisamos ter autoconhecimento das emoções e a partir daí vamos poder entender como controlá-las para então obtermos a satisfação pessoal. Somente após ter sido feita essa avaliação estaremos aptos a conviver com outros indivíduos de forma eficiente.

O conhecimento e a utilização da Inteligência Emocional no ambiente de trabalho são extremamente relevantes. O mercado atual exige essa postura, ratificando a importância do ser humano e de suas emoções utilizadas inteligentemente.

Não há uma receita pronta para a satisfação no trabalho, não existe um caminho único a ser seguido. Cada indivíduo, com suas particularidades, com o autoconhecimento, saberá utilizar a inteligência emocional para obter a satisfação pessoal e profissional.

Recursos Humanos: o desafio do século XXI

Os impactos causados pelas questões econômicas e as taxas bastante elevadas de desemprego comprometeram drasticamente o mercado de trabalho, causando perda ou modificação de vagas de empregos.

Com esses acontecimentos o mercado passou a exigir novas competências, aptidões e funções dos gestores de recursos humanos. Gerir diversas formas de vinculação laboral, entre colaboradores e a organização, o que pressupõe um verdadeiro desafio para os departamentos como o de recrutamento e formação.

Diversos fatores-chave podem contribuir para alteração do panorama de muitas organizações em um período de incertezas. O relatório Future

Work Skills 2020 traz que os principais agentes da mudança responsáveis pela reconfiguração do panorama da força de trabalho e das organizações são:

- **Extrema Longevidade:** com o aumento da expectativa média de vida em nível global, haverá uma mudança na natureza das carreiras e nas formas de delinear qualquer iniciativa relacionada com a aprendizagem e formação.
- **Mundo Computacional:** o poder exponencial e ilimitado de processamento transformará o mundo num sistema programável.
- **Novas Máquinas e Sistemas Inteligentes:** a automatização crescente do local de trabalho fará com que os colaboradores deixem de realizar tarefas rotineiras e repetitivas.
- **A Nova Forma Ecológica dos *Media*:** novas ferramentas de comunicação requerem novas formas de literacia, isto é, a literacia digital.
- **Mundo Globalmente Conectado:** incitada a interconectividade global, a diversidade e a adaptabilidade estarão no centro das operações de cada organização.
- **Organizações Superestruturadas:** as novas tecnologias sociais mobilizarão novas formas de produção e criação de valor.

Com base nesses agentes de transformação, podemos concluir que o trabalho ora executado não voltará a ser realizado como antes e devemos prospectar como se comportará no futuro.

A conjuntura atual nos obriga a adotar novas formas de nos relacionarmos com a empresa e uma parte considerável da força de trabalho será externa. As áreas de Recursos Humanos das organizações deverão adaptar-se a esse novo desafio, buscando definições de novas competências essenciais para executar as tarefas nos novos contextos de trabalho, pensando no momento atual e prospectando o futuro. Cenários marcados pela conectividade e a cooperação entre equipes e departamentos.

Inteligência Emocional na Gestão do RH

Gestão de Recursos Humanos "é a aplicação de um conjunto de conhecimentos e técnicas administrativas especializadas no gerenciamento das relações das pessoas com as organizações, com o objetivo de atingir os objetivos organizacionais, bem como proporcionar a satisfação e a realização das pessoas envolvidas". (https://pt.wikipedia.org/wiki/Gest%-C3%A3o_de_Recursos_Humanos).

Essencialmente, falamos de pessoas envolvidas em um ambiente organizacional e que formam um conjunto. O elemento intelectual é um componente desse processo descentralizado de trabalho que visa o objetivo-fim da organização.

Diversos autores afirmam que quando se promovem esforços coletivos há a tendência de gerar impulsos de criatividade, edificando-se como bolas de neve, criando sinergias que se revelam tanto mais quanto "as interações dos indivíduos no grupo produzem o desenvolvimento de novos conhecimentos - *insights* - (...) são criados valores" que sozinhos não surtiriam o mesmo efeito (OLIVEIRA, s/data).

Na gestão de pessoas, cujas interações são recorrentes e muitas vezes necessárias ou até obrigatórias, gerenciar processos, posicionamentos, estados de humor, conflitos, num ambiente desfavorável e instável exige um autocontrole emocional que aporte qualidade ao ambiente de trabalho. Corroborando, Mayer e Salovey definem Inteligência Emocional como "a capacidade de perceber e exprimir a emoção, assimilá-la ao pensamento, compreender e raciocinar com ela, e saber regulá-la em si próprio e nos outros" (MAYER e SALOVEY, 2000).

Para Daniel Goleman (2009), as empresas assumem, para além da capacidade intelectual e competência técnica, a importância das qualidades pessoais como iniciativa, liderança, adaptabilidade, empatia ou capacidade de persuasão. Lopes (2015) afirma que "um indivíduo com competência emocional será uma pessoa que consegue realizar uma análise do que deve ou não dizer, agir perante determinado estímulo emocional, o que é um processo vantajoso e mesmo competitivo ao nível das relações entre indivíduos em igualdade de tarefas ou em líderes e chefias".

Nessa perspectiva, a Inteligência Emocional em concordância com seu procriador, Daniel Goleman (2010), e dito de uma forma tênue, na identificação das emoções próprias ao indivíduo, a dos seus pares e a habilidade em lidar com elas, fundindo-as nos contextos diários. Uma pessoa emocionalmente inteligente terá maior capacidade para conter estímulos, apoiar a transferência de sentimentos, ser grata, encorajar os outros e promover esforços coletivos.

Intrinsecamente, a IE é o conjunto de competências que envolvem o controle de reações emocionais, a concretização de objetivos, a compreensão dos outros e a flexibilidade perante mudanças ou situações novas (GAVIOLI, 2015).

Este conjunto de competências compreende diferenciais competitivos, uma vez que permite a automotivação, controle dos impulsos, canalização das emoções, prática da gratidão e motivação, dessa forma a Inteligência Emocional afeta todos os trabalhadores, desde os postos mais modestos aos altos cargos de direção.

Goleman atribui cinco habilidades à IE: Autoconhecimento emocional; Controle emocional; Automotivação; Empatia; Desenvolver relacionamentos interpessoais (habilidades sociais). Nesse viés, Howard Gardner, autor da Teoria das Inteligências Múltiplas (GARDNER, 1995), afirma que "as características que compõem a Inteligência Emocional são uma junção das inteligências Interpessoais e Intrapessoais".

É extremamente vital que num ambiente organizacional se busque o equilíbrio entre cognição e emoção. Como se processa a informação, as expectativas, a tomada de decisão, o pensamento e a resolução de problemas "irão contribuir para que o ambiente organizacional se torne prazeroso ou estressante, produtivo ou infértil".

Para Damásio (2010), "um conjunto de reações e de alterações fisiológicas que se dão no organismo". Serão elas que influenciarão a motivação, a personalidade, as relações sociais, o desempenho profissional e assim o modo de viver. Nossas emoções nos ajudam nas tomadas de decisões, regulando o nosso pensamento e a capacidade de agirmos. Hughes e Terrel (2009) afirmam que as emoções têm origem nas sensações físicas, mais concretamente, na capacidade de diferenciação de dor e prazer e que conduz às escolhas, inspira comportamentos, e motiva a ação e que dá uma resposta à direção a seguir, que pode ser: 1) ir ao encontro (prazer); 2) afastar (dor); contra (elimina o obstáculo que inibe o progresso); 4) parar (não tomar direção alguma). Para todos há uma resposta biológica e/ou apreendida, dependendo da forma como a percepção da emoção e do autocontrole de cada indivíduo é relacionada.

De forma sintetizada, "emoção pode ser definida como uma reação orgânica de intensidade e duração variáveis, caracterizada por excitação mental em níveis variados e acompanhada de alterações respiratórias, circulatórias e nervosas" (GAVIOLI, 2015). Este é um conceito que envolve toda a parte do ser humano, como cognição, a parte física. Quantos de nós nos apercebemos do nervoso miudinho, através das mãos transpiradas; da vergonha, através do rosado da face; do embaraço, quando se dirige o olhar para o chão, basicamente, são as expressões das emoções sentidas naquele determinado momento. Como viu Aristóteles, o problema não está na emocionalidade, mas na adequação da emoção e sua manifestação.

Considerações

Na busca por nos tornarmos seres humanos melhores é necessário aguçarmos nossa percepção, avaliação e expressão da emoção, identificando emoções em nós mesmos e em outras pessoas, detectando veracidade. A partir daí conseguiremos controlá-las, utilizando a emoção como um sistema de alerta que dirige a atenção ao pensamento, emoção como facilitadora do pensamento.

A compreensão e análise das emoções englobam a capacidade de identificar as diferenças e até a compreensão de sentimentos. Permitindo o controle reflexivo das emoções, tolerando reações emocionais, agradáveis ou desagradáveis, e compreendo-as.

Ao evoluirmos nossa Inteligência Emocional poderemos desfrutar de diversos benefícios, dentre eles: desenvolvimento de bons relacionamentos, antecipar e evitar esgotamentos, lidar com membros difíceis da equipe e gerenciar conflitos; incrementar as informações emocionais para tomar decisões melhores; criar um ambiente de trabalho positivo e um alto moral na equipe e comunicar-se de modo mais eficaz.

Davi Caruso pontua: "É importante compreender que a inteligência emocional não é o oposto de inteligência, não é o triunfo do coração sobre a cabeça, é a interseção de ambas". O RH pode promover novas perspectivas nos ambientes organizacionais demonstrando claramente o valor, incomensurável, de se buscar evoluir cada dia mais a Inteligência Emocional.

12 RH

Regina Lúcia Monteiro Matos

O RH em minha vida, minha vida no RH

Regina Lúcia Monteiro Matos

Psicóloga (CRP–08/2890), Master Coach com certificação internacional em Coaching, Mentoring & Holomentoring do Sistema ISOR pelo Instituto Holos. Consultora na área de Gestão de Pessoas e Desenvolvimento de Lideranças. Especialista em Recursos Humanos, Comportamento Organizacional e Direito Empresarial. Possui formação em Dinâmica dos Grupos pela SBDG (Sociedade Brasileira de Dinâmica dos Grupos). Vasta experiência como gestora de Recursos Humanos em empresas de portes variados. Diretora da RM Consultoria e Treinamento.

(43) 99994-0705 (Tim)
(43) 99136-4635 (Vivo)
reginamatos9@gmail.com
www.rmtreinamentos.com
@rmtreinamentos

Meu desejo de trabalhar com o desenvolvimento de pessoas nasceu antes mesmo de eu ter noção de como esse trabalho é realizado. Quando eu estava cursando o Ensino Médio, não sabia muito bem o que cursar na faculdade, cheguei até a pensar em Odontologia (logo eu que tenho arrepios com o barulho daquele motorzinho), mas lá pela metade do 3º ano (colegial na época) decidi que queria cursar Psicologia e nos primeiros anos de curso tive a certeza de que trabalhar em empresa seria o meu objetivo. Naquela ocasião começou a minha trajetória para abraçar a área de Recursos Humanos.

Vamos lá... Minha primeira experiência efetiva aconteceu quando eu estava cursando o 9º período do curso e fui fazer estágio. Na época era muito difícil conseguir uma empresa para estagiar. Praticamente nos 45 minutos do segundo tempo, eu e uma amiga conseguimos (detalhe: na época o estágio era realizado em duplas, até pela dificuldade de encontrar empresas que se dispusessem a abrir as portas para estagiários).

O entusiasmo era muito grande, afinal de contas, tínhamos um desfio pela frente. Esse estágio foi realizado em uma concessionária de automóveis e a nossa tarefa era descrever e avaliar os cargos existentes. Pelo fato de o curso ser integral, nós só tínhamos uma tarde por semana para ir para o estágio – quintas-feiras. Eu contava os dias para a quinta-feira chegar. A cada semana ficava mais entusiasmada com o trabalho e querendo conhecer mais sobre a empresa e as tarefas que teria de desempenhar. No fim do ano, concluí o curso e o estágio foi encerrado.

Após a formatura, veio a dura realidade de ter que me inserir no mercado de trabalho. Por um curto período eu até pensei em atuar como psicóloga clínica, mas não levei em frente e fui em busca do meu sonho, mesmo esbarrando em tanta porta fechada. Passaram-se seis meses e veio a minha primeira oportunidade: um trabalho temporário na empresa de telefonia local que na época era autarquia da Prefeitura de Londrina. Entrei para substituir uma licença maternidade. Mesmo sabendo que era por tempo limitado (90 dias), eu me senti muito feliz em estar trabalhando e ganhando meu próprio dinheiro. Confesso que a minha imaturidade me impediu de aprender mais porque eu chorava muito perante as dificuldades que encontrava. Apesar disso, nunca pensei em desistir ou ir para outra área da Psicologia.

No ano seguinte, resolvi fazer uma pós-graduação em Administração de Recursos Humanos e um curso de Aperfeiçoamento em Psicologia Organizacional (sexto ano, como era chamado). Ambos duraram um ano, sendo que a carga horária da pós era mais extensa. Na ocasião estava trabalhando em uma agência de empregos desempenhando atividades de recrutamento para empresas. Na pós-graduação, pude conhecer melhor o leque que a área de RH possibilitava e graças a uma professora da disciplina de Cargos e Salários consegui trabalhar em uma grande indústria de fiação da época. Essa ex-professora hoje é uma grande amiga e também atua na área de Gestão de Pessoas.

Nessa indústria de fiação (cerca de 800 colaboradores) existiam várias psicólogas, cada uma atuava em uma área diferente. Eu fui contratada para atuar na área de Recrutamento e Seleção (acredito que a maioria dos profissionais que trabalha em RH começou por aí). Apesar de estar restrita a uma determinada tarefa, podia ter contato com as outras áreas através das reuniões de departamento que tínhamos e dos processos seletivos em que trabalhava para suprir as vagas existentes.

Após um ano de trabalho nessa indústria, houve um corte de funcionários e eu fui uma das psicólogas desligada. Saindo dessa indústria, voltei para a agência de empregos onde havia trabalhado anteriormente, só que pelo fato de ter vivenciado de perto o trabalho em uma indústria eu tinha o desejo de conseguir uma colocação em outra grande empresa.

Da segunda vez que trabalhei nessa agência, o meu trabalho foi mais diversificado, de manhã eu fazia as entrevistas de seleção e à tarde eu realizava visitas agendadas às empresas. Cada empresa visitada era motivo de encantamento e de sonhar em estar atuando na área industrial novamente. E foi assim que aconteceu: a caminho para uma das visitas numa tarde de junho, resolvi parar em uma grande indústria de bebidas (Coca-Cola) e mesmo sem ter marcado pedi para falar com o gerente geral (tinha visto o nome dele no cadastro da agência). A pessoa que me atendeu ligou para a secretária dele e retornou dizendo que ele não poderia me atender, mas o gerente de Departamento Pessoal iria falar comigo.

Esse foi o primeiro passo para participar de um processo seletivo nessa grande empresa que eu nem sabia que iria acontecer. Sorte? Destino? Não sei, só sei que foi assim que tudo começou. Na verdade saí de lá sem saber que existia a vaga, porém, quando cheguei à agência tinha um recado para eu retornar uma ligação de lá e ao ligar qual foi minha surpresa ao saber que havia a vaga e que esse gerente de "Departamento Pessoal" (que hoje também é um grande amigo) pediu para eu levar meu currículo para ele no dia seguinte. Na época não existiam *e-mails*, *internet*, nada disso.

No dia seguinte, saí toda animada para levar meu currículo, mas qual foi minha surpresa quando no meio do caminho meu carro quebrou bem na rodovia. Se a *internet* não existia, muito menos celular. E lá fiquei eu no meio do caminho sem um orelhão por perto para avisar. O máximo que consegui foi entrar num barracão e pedir para usar o telefone para ligar para o guincho. Para resumir a história, consegui ir à empresa apenas um dia depois.

Passados longos três meses e uma perda irreparável (falecimento do meu pai), comecei a trabalhar nessa indústria. Vale ressaltar que a proprietária da agência foi muito humana comigo tanto na ocasião do falecimento do meu pai como com relação ao meu desligamento e rescisão do contrato. Nessa empresa (fábrica da Coca-Cola) o processo também foi deixado em *stand by* por um tempo e quando foi retomado eu já estava em condições de participar.

Desde o meu primeiro dia, fiquei maravilhada com tudo. Foram dois dias de integração em que aprendi tudo sobre a empresa, seus produtos, as normas e procedimentos e quais seriam as minhas responsabilidades. Até então o Setor de Treinamento era vinculado ao Departamento de Vendas, com a minha admissão passou a pertencer ao Departamento de Recursos Humanos recém-criado.

Todo conhecimento que tinha adquirido no curso de pós-graduação e que tinha vivenciado na indústria de fiação e na empresa de telefonia em que trabalhei quis colocar em prática nessa indústria. Acertei muito, mas errei muito também e entre acertos e erros o RH da empresa foi ficando com a minha cara.

O Departamento de RH foi sendo estruturado a princípio a quatro mãos (o meu gerente e eu). Mais pra frente, quando se fez necessária a estruturação do Plano de Cargos e Salários, não me senti preparada para realizar sozinha este trabalho, aí recorri àquela minha amiga que tinha sido minha professora no curso de pós-graduação. Na época ela estava trabalhando como consultora e a empresa a contratou para ir três vezes por semana para desenvolver essa atividade.

De início, foi feito todo um trabalho de diagnóstico: entrevistas e mais entrevistas com gerentes e supervisores para depois começar a estruturação em si. Em um determinado ponto, houve uma mudança na configuração do Departamento de Vendas (antes o sistema era de pronta entrega e com a mudança passou a ser de pré-venda) e eu não pude me dedicar como gostaria às atividades de cargos e salários (na época eu já contava com duas estagiárias que iam uma vez por semana e me ajudavam na triagem das fichas e currículos); dessa forma, uma pessoa que era do Setor de Rotinas Trabalhistas (Departamento Pessoal na época) foi deslocada para realizar essa atividade junto com a consultora.

Fiquei nessa empresa por cinco anos e durante esse tempo várias transformações aconteceram e contribuíram para o meu crescimento pessoal e profissional. Durante esse período, comecei a participar de um Grupo de Profissionais de Recursos Humanos que existia na cidade (até hoje participo, aliás, participo de três). Nesse grupo pude ter contato com profissionais de várias empresas e era muito interessante o *networking* que tínhamos (pessoalmente nas reuniões mensais e por telefone, pois, como já comentei antes, não existia *internet*).

Saí da Coca-Cola porque o grupo empresarial a que ela pertencia foi vendido para outro e com isso houve uma reestruturação em parte do seu quadro. Meu ex-gerente já havia saído seis meses antes e ao saber que em breve eu também seria desligada me procurou e propôs sociedade em uma franquia de frango frito. Fiquei empolgada com essa possibilidade de ser dona do próprio negócio e me "aventurei" nessa empreitada. Aventurar é a palavra mais adequada para essa situação porque na verdade não estávamos preparados para assumir um negócio totalmente fora das nossas *expertises*.

Após dez meses trabalhando no restaurante, surgiu a oportunidade de voltar para a área de RH em uma metalúrgica. O gerente de RH dessa indústria tinha sido meu colega de trabalho na empresa anterior e através desse contato passei a trabalhar lá substituindo o psicólogo que havia se desligado.

Mesmo estando com o restaurante, passei a fazer dupla jornada (de dia ia para a empresa e em noites alternadas para o restaurante). O meu sócio também se recolocou no mercado e alternava comigo as noites de trabalho. A esposa dele, que também fazia parte da sociedade, coordenava as atividades durante o dia. Fiquei nessa dupla jornada por dois anos e após esse tempo (com perdas financeiras e ganho de experiência de vida) conseguimos vender o restaurante e aí eu pude me dedicar exclusivamente à minha área na empresa onde estava. Lá permaneci por mais dois anos, saí quando houve uma *joint venture* e com isso algumas áreas foram extintas e o RH, terceirizado.

Passei por outras empresas, mas aqui quero destacar a última em que atuei por 11 anos como empregada, antes de realizar meu sonho de atuar com consultoria. Ali tive a oportunidade de reestruturar várias atividades e rotinas da área de RH. A empresa, apesar de pequena com relação ao número de colaboradores, é bem grande em função do volume de negócios que gera.

Existe um projeto que tenho muito orgulho de ter levado para essa empresa, "Projeto Escola de Fábrica". Conheci-o em 2005 em uma das reuniões do Grupo de RH. O pessoal do Sindicato dos Professores foi convidado a apresentá-lo e de cara me encantei. Chegando à empresa, preparei uma apresentação para a Diretoria e gerências e houve interesse de forma geral, então, marquei uma reunião entre os gestores do projeto e a empresa para termos maiores detalhes do seu funcionamento.

Esse era um projeto do Governo Federal que oportunizava que alunos de baixa renda participassem de um programa de capacitação dentro da empresa no contraturno escolar durante o período de seis meses. Os alunos (de 16 a 24 anos) iam para a escola no período da manhã e à tarde para a empresa. Recebiam uma bolsa de meio salário mínimo mensal, uniforme e lanche.

Eu coordenava o projeto dentro da empresa e fazia o *link* com o sindicato quanto às necessidades dos alunos e professores. A formação escolhida pela empresa foi *"Operador de Forno Rotativo"*, uma necessidade específica e tínhamos dificuldades de encontrar esses profissionais no mercado. Alguns colaboradores se dispuseram a dar aulas como voluntários e, além do reforço escolar que era ministrado por professores contratados pelo sindicato, havia aulas de temas transversais que eram ministradas pelos colaboradores voluntários. No final do programa teórico, os alunos tiveram a oportunidade de estagiar nos diversos setores da empresa. Foi gratificante ver que próximo do término do curso a maioria dos alunos já estava com vaga garantida na empresa ou com promessa de contratação futura, o que realmente aconteceu.

Voltando à minha trajetória com RH, no início de 2015 saí da empresa e a partir daí resolvi colocar em prática um sonho que estava adormecido – trabalhar como consultora. Fiz uma formação em Coaching pelo Instituto Holos e outras formações complementares e reciclagens pelo mesmo instituto.

Hoje, como *coach* e consultora, tenho a oportunidade de estar em várias empresas e entrar em contato com universos e realidades diferentes. Minha maior realização é ver que posso, através do meu trabalho, contribuir para o crescimento profissional e pessoal dessas pessoas e com isso elas podem transformar o seu ambiente de trabalho e as suas vidas, se sentindo mais leves e mais felizes.

Afirmo com certeza que a verdadeira definição para RH é **"Realização Humana"**.

13 RH

Roberto Silvio Santos

Felicidade no trabalho. É possível alcançá-la?

Roberto Silvio Santos

Tem 17 de anos de atuação na área Recursos Humanos, formado em Gestão de Recursos pela Universidade Católica da Bahia, Coaching e Mentoring pelo Sistema ISOR. Especialista em implantação do Sistema de Qualidade 5S, conferencista de eventos corporativos, palestrante, especialista na implantação e implementação do Sistema de Gestão de Qualidade ISO 9001/2008. Pós-graduado em MBA Executivo em Recursos Humanos, pós-graduado em Psicologia Organizacional.

(71) 8655-0777 / 9961-7993
roberto.jur@gmail.com

> *"Escolhe um trabalho de que gostes,*
> *e não terás que trabalhar nem um dia na tua vida"*
> Confúcio

Felicidade no trabalho! Este tema nunca foi tão explorado no mundo corporativo como neste século XXI, tendo sido motivo de relevante preocupação dos profissionais de recursos humanos ao se questionar até onde as organizações são responsáveis quando o assunto é felicidade no trabalho.

Através do trabalho, as pessoas podem satisfazer ou frustrar suas necessidades de sobrevivência, segurança, convivência, estima e autorrealização, e ainda encontrar uma identidade positiva sobre si mesmas, uma vez que vivemos em uma sociedade cujo ponto de centramento está nas relações econômicas. Somos, até certo ponto, influenciados por aquilo que fazemos, e esta identidade laboral ocupa amplos espaços na nossa identidade pessoal.

Alguns dicionários definem felicidade como qualidade ou estado de ser feliz, bom êxito e por último de sucesso. Em todo o mundo especialistas têm voltado sua atenção para este tema com o objetivo de mensurar o grau de satisfação dos profissionais em relação ao trabalho, e o resultado tem sido desastroso, a conclusão é que os níveis de felicidade no trabalho estão caindo.

A síndrome do domingo à tarde tem hostilizado milhares de profissionais, parece que começar a segunda-feira tem sido uma grande tormenta, o trabalho é visto como um fardo, um mal necessário na vida desses indivíduos. A semana se inicia com o desejo ardente de chegar logo a tão sonhada sexta-feira. Isso deixa claro que muitos profissionais assumem uma postura negativa em relação ao trabalho, o que de certa forma contamina toda a organização, são os chamados desengajados crônicos, esses não estão contentes com absolutamente nada, reclamam do salário, do chefe, do cafezinho, dos benefícios, da cadeira e até do barulho da impressora.

Essa insatisfação pelo trabalho tem levado muitos profissionais a querer mudar de emprego o tempo todo, e essa rotatividade faz com que a organização tenha um custo elevado ao longo de um ano. A insatisfação e a falta de conexão e engajamento dos profissionais afetam diretamente a rentabilidade da empresa, tendo como consequência índices elevados de acidentes de trabalho, baixa produtividade e como resultado o lucro das organizações tem despencado. Esse problema afeta diretamente também a qualidade de vida das pessoas, pois quem não está satisfeito com o trabalho acaba vivendo uma vida estressante e sem sentido.

Programas de retenção de talentos estão se tornando cada vez mais ineficazes para manter esses profissionais nas organizações. Isso porque realizar programas para manter quem está desconectado com a organização e infeliz no trabalho, sem o desejo de criar e inovar, contamina o ambiente corporativo, ao invés de gerar resultados positivos o efeito é totalmente inverso. Para alguns especialistas o melhor seria usar o termo "integrar", que transmite a ideia de manter os profissionais em constante movimento na organização, trazendo a lume a prática de criação de vínculos em sua totalidade.

Os profissionais de Recursos Humanos se deparam com um grande desafio: ter cautela para não fazer do conceito de felicidade no trabalho mercadoria de barganha e promover programas capazes de motivar e engajar seus profissionais. É preferível estar cônscio e assimilar a ideia de que felicidade não deve ser o foco, e o necessário é buscar construir propósitos para tornar o ambiente de trabalho um local onde o profissional se sinta bem, envolvido, integrado, valorizado e reconhecido, o que significa estabelecer um local com certo nível de abertura, transparência, relacionamentos sólidos, criatividade, tornando o ambiente de trabalho propício para atender os anseios dessa nova realidade.

Neste caminhar, é salutar encarar essa realidade de frente, embora as organizações tenham reconhecido que as pessoas são importantes para o atingimento dos resultados. Pontue-se que a maneira de fazer RH tem mudado nesses últimos anos, ainda assim, o número de profissionais infelizes no trabalho tem sido alarmante.

No mundo inteiro um número significativo de pessoas consideram-se infelizes no trabalho, não acreditam que tenham suporte para realizar suas tarefas ou não se sentem bem física e emocionalmente nas organizações.

No Brasil a situação piora cada vez mais, os brasileiros veem o trabalho como algo negativo e estão propensos a espalhar atitudes daninhas entre os colegas. O trabalho é visto como uma grande maldição, por isso são tão peculiares expressões como: "vou batalhar", "vou lutar", "vou para a guerra". Imagine a mente do indivíduo que acorda às 5 da manhã e se prepara para uma guerra?

Talvez estejamos nos perguntando: qual a causa dessa infelicidade? A vida do ser humano tem sido trivializada cada vez mais, a relação de trabalho não tem sido pautada em valores como: confiança, respeito e transparência, não se premia mais aquele que fez o melhor, não se pune quem faz maldades ou quem pressiona, ameaça e constrange, vemos uma verdadeira inversão de valores.

Devido à influência negativa da mídia, os empregados estão cada vez mais exigentes com relação à empresa, trazem para a empresa fatores de comparação que não existiam antes, o banheiro da empresa tem de ser igual ao banheiro do *shopping*, a refeição fornecida na empresa tem de ser igual à do *buffet* dos restaurantes, o que destoa da verdadeira essência do que realmente venha a ser felicidade.

O ambiente de trabalho muitas vezes proporciona o descaso com o básico, a pressão excessiva por resultados de curto prazo e a falta de reconhecimento pela tarefa bem feita têm levado muitos profissionais ao abismo da infelicidade no trabalho. Já ouvi "chefes" dizerem que empregados são descartáveis e que com a crise que o País atravessa a fila está cheia de profissionais, e que empregados não precisam de elogios e tão somente o salário na conta ao final de cada mês. Pois bem, esse tipo de atitude sem dúvida aumenta cada vez mais o sentimento de infelicidade dos profissionais que buscam no ambiente de trabalho razão para viver e ser feliz.

Um ambiente de trabalho cujo clima organizacional é sempre de tempestade gera dores emocionais tão fortes nos profissionais que a segunda-feira sempre será um grande tormento. As ofensas, desrespeitos, e o fato de viverem em um ambiente de trabalho o tempo todo sob ameaça de serem demitidos, refletem umbilicalmente no emocional dos indivíduos, que buscam sempre um meio de fugir da situação, já que estão vivendo o tempo todo ameaçados. Ou talvez o seu trabalho não tenha conexão com seu propósito de vida, afetando todo seu emocional, fazendo com que o profissional perca o foco e a capacidade de aprender coisas novas.

Uma organização que é rígida demais e que foca somente em controles e processos, exigindo o máximo de racionalidade de seu pessoal, está criando bloqueios para a criatividade, obstrui a capacidade de pensar, ser e agir, tirando a concentração de outras áreas do cérebro responsáveis por deixar a imaginação fluir, gerando comprometimento e criatividade. Essa enxurrada de melancolia tem gerado consequências desastrosas para os indivíduos, que acabam sofrendo de depressão, assim também para a organização, que acumula prejuízos mensuráveis quando eles resolvem cruzar os braços para este cenário de alta rotatividade e insatisfação com o trabalho.

Os profissionais de RH precisam "sangrar na veia", até ter plena consciência dessa situação, não adianta vender a empresa como um pedacinho do jardim do Éden, como um local para encontrar felicidade, até porque já vimos que felicidade é algo subjetivo.

Para atrair e integrar profissionais, mantendo-os felizes, engajados nas organizações, não existe receita de bolo pronta para ser aplicada, é preciso ousadia para enxergar o que está levando a organização a um clima de tempestade. É mais do que necessário lançar mão de instrumentos capazes de monitorar o nível de satisfação de seus profissionais em relação à organização. RHs, entendam: felicidade não é mercadoria de troca, para ser utilizada em prol de resultados organizacionais, ela não poderá ser garantida o tempo todo, como se fosse o papel das organizações sobre isto.

Os profissionais de RH ao desenharem programas com o intuito de aumentar a satisfação de seus profissionais devem se questionar: será que o trabalho é realmente um lugar para ser feliz?

Lembre-se: as organizações não têm a responsabilidade de manter todo mundo feliz, mas podem criar situações para tornar o ambiente de trabalho um lugar em que as pessoas encontrem certo grau de equilíbrio e significado para suas vidas.

É de responsabilidade do RH cuidar de todos os pilares fundamentais para tornar o ambiente de trabalho mais harmônico, promovendo o bem-estar, proporcionando um ambiente em que as pessoas trabalhem conectadas, em plena sintonia, senso de justiça nas relações, transparência, respeitando as diferenças culturais, autonomia, *status*, para que o profissional se sinta valorizado, promovendo a criatividade.

É importante que os profissionais participem, revejam conceitos e questionem como as coisas sejam feitas e o papel do líder é fundamental, o líder encanta e inspira aqueles que o seguem, o gestor fica tão somente atrelado aos processos e controles, os líderes por outro lado têm a responsabilidade de promover um ambiente de trabalho baseados nesses pilares.

Felicidade não tem nada a ver com corpo mole, as exigências por resultados sempre serão altas, mas o fato é que as pessoas precisam encontrar significados naquele que faz, é uma questão de fazer com que os profissionais se sintam equilibrados em suas funções. As organizações precisam entender que são as pessoas que fazem acontecer, e por isso criar condições para que se sintam valorizadas é mais do que implementar programas de incentivos para motivação pela área de RH, é responsabilidade de todos os líderes.

Em uma organização que proporciona um ambiente de trabalho sadio, seguro, que possui programas de incentivos aos seus colaboradores, planos de cargos e salários, que são transparentes nas suas estratégias empresariais, permitindo que haja cooperação através de novas ideias, deixando clara a valorização do indivíduo, e ainda investe na motivação de seus profissionais, é bastante provável que grande parte de seus colaboradores estejam felizes com o que fazem e orgulhosos por fazerem parte dessa equipe.

Entretanto, alcançar a felicidade no trabalho está mais relacionado ao perfil pessoal do que aos benefícios que uma empresa pode oferecer. Um ambiente transparente permite que os colaboradores expressem todo o seu potencial e estimula a consciência coletiva. Se um líder é transparente, ele irá transmitir confiança, criar empatia, sentimento de pertencimento e, consequentemente, trará felicidade para a equipe.

Pesquisas recentes mostram que não são as nossas conquistas, o nosso esforço e as nossas realizações que nos tornam felizes, é o oposto. É a felicidade que, em grande parte, determina as nossas conquistas. As pessoas felizes têm mais capacidade de perseguir seus objetivos e adquirir os meios de conquistá-los.

O local de trabalho representa um *habitat* importante para o indivíduo, pois nele cada um passa o momento mais importante de sua vida. Estar no trabalho é um momento importante de reflexão sobre o que fazemos da nossa vida, onde se torna preciso muita confiança, respeito, gratidão e comprometimento com você, com a organização e seus colegas.

A busca pela felicidade é uma ação constante do ser humano. Sentir-se feliz no ambiente de trabalho é fundamental, pois reforça um funcionamento positivo do profissional em busca de uma vida com autorrealização. O bem-estar pessoal está relacionado com seis dimensões: autoaceitação, relação positiva com os outros, autonomia, controle do ambiente, propósito de vida e crescimento pessoal.

Hoje os profissionais buscam reconhecimento e prazer em suas tarefas, sendo assim, o reconhecimento e a confiança são aspectos importantes, que auxiliam e muito na busca da felicidade no trabalho. Toda relação centrada no dinheiro é uma relação volátil, o que hoje se apresenta como uma boa proposta econômica amanhã pode não ser. Entretanto é importante salientar que, quando se consegue aliar a satisfação pessoal com a satisfação financeira, podemos extrair o melhor de cada profissional.

Todo indivíduo quer ser reconhecido pela sua capacidade, se sentir valorizado pessoalmente e financeiramente, e mais, todo profissional quer alcançar o sucesso na carreira, quer se sentir construtor do sucesso da empresa. Quando a organização valoriza os profissionais e permite que todos manifestem suas ideias e agreguem valor aos serviços e produtos, esta estará fazendo com que todos se sintam importantes dentro da organização.

Quando todos edificam juntos, a organização cresce e todos ganham, emocional e financeiramente, permitindo que cada profissional reconheça sua posição de parceiro e cultive vínculos de confiança, comprometimento e, acima de tudo, satisfação pessoal e profissional.

A felicidade está relacionada com a satisfação do profissional, quando o indivíduo está satisfeito com suas tarefas, e com o reconhecimento que a organização lhe dá, ele trabalha melhor, com mais produtividade, oferecendo o melhor de si para a organização. Um profissional realizado está sempre fazendo propaganda positiva da organização onde trabalha para os seus amigos e familiares, tem prazer em ir trabalhar, e isso mostra que a empresa valoriza os seus funcionários. O domingo à tarde não será mais uma tormenta.

As organizações que valorizam seus profissionais estão sempre em crescimento e desenvolvendo cada vez mais seus negócios, pois sempre têm novas ideias a implementar e novidades para seus clientes. Isso faz com que todos se desenvolvam juntos, tanto a empresa quanto o profissional.

O conceito de gestão humanizada é fazer com que o indivíduo seja compreendido em seus aspectos biológicos, psicológicos e sociais. Ou seja, que a pessoa seja percebida e respeitada na sua totalidade e singularidade.

Em um mercado cada vez mais competitivo, as organizações precisam desenvolver estratégias que atendam às necessidades da empresa, bem como às necessidades e expectativas dos indivíduos que compõem seu capital humano.

O desafio dos líderes é conseguir conciliar os objetivos pessoais e profissionais dos colaboradores, e manter a produtividade saudável da organização. As práticas adotadas para se atingir esses objetivos são:

- **Respeitar a história e o momento de vida de cada profissional**, exercitando e estimulando a empatia na organização;
- **Desenvolver relações cordiais na equipe**, possibilitando um ambiente agradável e saudável, no qual todos possam se sentir pertencentes ao grupo, acarretando maior satisfação e retenção dos profissionais;
- **Promover espaços de escuta e de voz**, em que os profissionais se

sintam acolhidos e seguros para exporem suas percepções, sejam elas positivas ou negativas, em relação aos processos, líderes, diretrizes, entre outros;

- **Ajudar os colaboradores a melhorarem suas *performances*,** por meio de *feedbacks* contínuos;
- **Oferecer treinamentos técnicos e comportamentais** para uma atuação mais segura dos profissionais.

Os resultados alcançados têm se mostrado satisfatórios com as práticas da gestão humanizada: diminuição no índice de rotatividade, queda no número de absenteísmo e afastamentos, maior envolvimento e motivação dos profissionais. Acreditamos que o exercício da gestão humanizada se reflete na prática do atendimento humanizado de nossos colaboradores para com nossos clientes, promovendo, assim, um círculo virtuoso.

Cada vez mais as organizações têm investido tempo e dinheiro para entender o nível de satisfação de seus funcionários e, assim, traçar estratégias que possibilitem compreender o que os motiva.

É essencial que as estratégias da organização reforcem uma cultura de reconhecimento e de forte motivação. Cabe ao líder identificar as expectativas e necessidades em busca de maior engajamento da equipe.

As organizações que têm profissionais mais motivados são aquelas que estimulam o desenvolvimento profissional, contemplam a meritocracia e oferecem certa flexibilidade diante das adversidades que os colaboradores podem enfrentar.

Abaixo, confira algumas atitudes que fazem toda a diferença no ambiente corporativo e estimulam o colaborador:

- Observe com mais atenção a sua equipe;
- Demonstre que seu funcionário está no caminho certo e fez um bom trabalho;
- Agradeça pelo que ele fez além do esperado. Esse é o tipo de reconhecimento mais formal, que profissionais que desempenharam acima e além das suas atribuições merecem;
- Reconheça pontos fracos e fortes;

- Crie um ambiente favorável ao desenvolvimento pessoal e profissional de seu colaborador;
- Invista em programas de treinamento técnicos, propiciando um desenvolvimento profissional, que abordem também assuntos que envolvam relações pessoais e gerenciamento de tempo, por exemplo.

Não existe uma fórmula mágica para chegar aos resultados esperados, mas a motivação deve ser praticada diariamente. A palavra de ordem é reconhecimento. Seguindo esses princípios, com certeza será um grande passo para que o funcionário esteja sempre motivado a defender as missões e valores da sua empresa.

14 RH

Rogério Bohn

Obtendo resultados através da liberdade e da confiança

Rogério Bohn

Administrador de empresas e engenheiro civil, especialista em Gestão de Pequenos Negócios e em Informática na Educação. Mestre em Administração, com ênfase em Gestão de Pessoas. Advanced, Master e Professional Coach, formado pelo Instituto Holos. Professor do curso de Administração na ESPM-Sul e Decision/FGV. Professor convidado de diversos programas de Pós-Graduação (UniLasalle, Fadergs, IENH, UCPel, Senac-RS). Palestrante sobre o tema de Coaching, Inovação, Gestão de Pessoas, Gestão Organizacional, Empresas Familiares. Foi presidente da Fajers – Federação dos Jovens Empresários do RS e vice-presidente da Conaje – Confederação Nacional de Jovens Empresários. Foi vice-presidente do CRA/RS – Conselho Regional de Administração do RS. Atuou em projetos na OIT – Organização Internacional do Trabalho e ONU – Organização das Nações Unidas, no campo do Trabalho Decente e Responsabilidade Social Empresarial. Ampla experiência em coordenação de Congressos Internacionais e Missões Acadêmico-Empresariais em mais de 15 países. Autor do livro "Destino? Sucesso!" e coautor dos livros "O Poder do Mentoring & Coaching" e "Networking e Empreendedorismo". Consultor empresarial.

(51) 99982-9425
rogeriobohn@yahoo.com.br
www.rogeriobohn.blogspot.com

O ser humano traz consigo, em sua origem, uma complexidade comparável a um universo de possibilidades. Nada mais enigmático do que as profundezas do pensamento humano, suas vontades, necessidades e relacionamentos. Exatamente por isso, o desafio de liderar pessoas é de fato uma tarefa árdua, uma vez que pessoas diferentes podem reagir de forma diferente a um mesmo estilo de liderança ou a uma determinada forma de conduzir os liderados.

Não existe uma forma única e certa para fazer a gestão de um grupo de pessoas, ou para trabalhar de forma a deixar esse grupo mais motivado para desempenhar as suas atividades. Aliás, um mesmo grupo pode reagir também de forma diferente a um mesmo tipo de comportamento de sua liderança, bastando para isso que tenha havido alguma mudança no contexto onde estão inseridos. Alguma mudança no cenário da empresa, ou da economia, ou mesmo no relacionamento interno. Qualquer um desses fatores, ou todos eles, são capazes de gerar diferentes reações por parte de um grupo.

Apesar desse grande fator de incerteza, a prática da gestão de pessoas, aliada a diversas conhecidas teorias comportamentais, demonstra que muitos dos líderes modernos conseguem ter um excelente relacionamento com suas equipes, e fazer com que se desenvolvam grandes times organizacionais, capazes de entregar, em muitos casos, bem mais daquilo que se esperava.

Podem-se verificar exemplos de empresas que procuram, através das ferramentas de gestão de pessoas, desenvolver importantes diferenciais competitivos que acabam sendo capazes de servir como elementos de atração e de retenção de talentos.

Um mercado onde a competitividade entre as empresas no sentido de atrair profissionais qualificados é muito grande é o de tecnologia da informação e comunicação, as chamadas empresas de TIC. Nesse mercado, o custo para se capacitar uma pessoa a ponto de ela trabalhar e manter-se atualizada perante a inovação que ocorre a cada dia pode ser muito grande. Os profissionais qualificados nessa área normalmente são pessoas que têm um sentimento de empreendedorismo e de necessidade de liberdade bastante acentuado. Assim, as práticas de gestão de pessoas voltadas para essa área normalmente vêm sendo bastante diferenciadas.

Tive oportunidade de visitar por diversas vezes o Vale do Silício, nos Estados Unidos, região que concentra grande parte das principais empresas de tecnologia da informação do mundo, e conhecer algumas de suas práticas com relação à gestão e especialmente a sua forma de se relacionar com o capital humano. Em muitos casos, a principal preocupação dessas empresas é justamente como criar as condições para que as pessoas que lá trabalham possam ter o melhor ambiente possível para produzir de forma livre, sem uma cobrança de forma mais intensa que poderia vir a gerar uma reação negativa para quem trabalha em um espaço que necessita da liberdade criativa para obter sucesso.

Muitos exemplos poderiam ser citados após essas visitas realizadas. Entretanto, algumas empresas têm realmente uma prática muito diferenciada e de forma inovadora vêm buscando contribuir para o melhor resultado baseado na valorização das pessoas que lá estão trabalhando.

Não é possível se falar em práticas inovadoras de gestão de pessoas sem se trazer o caso da empresa Google. São tantas as abordagens diferenciadas que pude vivenciar ao longo da minha visita e que mereceriam relato no trato da gestão das pessoas que poderia ser escrito um livro inteiro somente a respeito disso. A Google realmente não apenas buscou inovar na forma de relacionamento com os seus colaboradores, como também serviu e serve de profunda inspiração para empresas do mundo todo que estão tentando revolucionar a sua forma de interação com as pessoas, mas também e especialmente, é uma fonte de inspiração, *benchmark* ou mesmo pura fonte de cópia para muitas organizações localizadas no Vale do Silício.

Uma das questões que chama a atenção quando se vai ao Googleplex, em Mountain View, é a grandiosidade do local, que contava, na época, com mais de 45 edifícios. O ambiente, apesar dessa grandiosidade, não transmite a sensação de opressão, mas exatamente o oposto. Por todo lado se podem ver árvores, plantas, e as famosas bicicletas amarelas, as Gbike. Essas bicicletas têm por finalidade principal facilitar o deslocamento dos funcionários da empresa entre os prédios, quando é necessário participar de atividades que estejam sendo realizadas em locais afastados daquele de atividade principal do funcionário. Mas, por outro lado, também são utilizadas para deslocamento dos funcionários entre os seus prédios de origem e os diversos pontos de lazer que estão disponíveis ao redor de todo o complexo. São diversos espaços para correr, jogar vôlei, futebol, ou mesmo apenas circular pelas ruas bem cuidadas do local, com as amarelinhas.

Ao se visitar o complexo em diferentes horários, se pode ver que esses locais de lazer são ocupados continuamente por funcionários da empresa, que buscam esses lugares para aproveitar momentos de sol. Podem-se ver várias pessoas sentadas em rodas ao redor de árvores, no chão, ou em cadeiras, conversando livremente em horário que, em tese, é de trabalho.

Mas o ponto é exatamente esse. Para a Google, o próprio conceito de trabalho parece ser diferenciado. Para muitas empresas esse conceito é relativo a estar sentado em seu ambiente funcional, na frente de um computador, com o telefone a centímetros das mãos, pronto para ser atendido quando necessário, e preferencialmente no mais profundo silêncio, sem haver conversa com os funcionários vizinhos. Levantar da sua cadeira para ir tomar um café ou mesmo para poder ir ao banheiro pode gerar repreensão por parte da chefia, quando o tempo de permanência nesses lugares é "demorado demais" no entendimento da companhia.

O próprio uso de celular ou redes sociais dentro do ambiente de trabalho é algo que pode gerar problemas para o funcionário uma vez que tende a não ser autorizado pelas empresas.

Em pleno século XXI, essa forma rígida de gestão de pessoas é utilizada em grande quantidade por empresas do mundo inteiro, em especial quando se está pensando nos cargos mais operacionais.

Para grande parte dos funcionários da Google, a relação trabalho x tempo x local é muito diferente do que foi comentado. Existe um entendimento pela companhia de que a liberdade é fundamental para que se possa gerar as condições para a inspiração, a inovação e o desenvolvimento. Grande parte dos funcionários da Google tem liberdade de horários, a ponto de poderem sair para praticar esportes em períodos que poderiam ser considerados horários de trabalho. Uma caminhada, um passeio de bicicleta, um jogo com os colegas, aproveitando a estrutura de lazer do complexo, não apenas é tolerado, mas é incentivado. A organização percebe que uma reunião realizada à sombra de uma árvore após uma caminhada pode ser muito mais produtiva e trazer resultados muito mais benéficos para a organização do que uma tradicional reunião de trabalho realizada dentro de uma sala hermética com mesas e cadeiras, computador e projetor.

A empresa permite que a família dos funcionários vá visitá-los em seu ambiente de trabalho, e que o traje adotado pelo funcionário seja aquele com que ele sentir-se mais à vontade, não havendo um rígido *"dress code"* para o grupo.

Em muitas organizações, quaisquer projetos pessoais realizados pelos funcionários são vistos como algo negativo, capaz de tirar o foco e de interferir na geração de resultados da empresa. É exigida a dedicação total à empresa, muitas vezes sendo forçado um foco total no negócio.

A Google, por outro lado, trabalha com o conceito de multiculturalidade e de multidisciplinaridade, onde as interações com outros projetos, outras ideias e pensamentos divergentes também são incentivados. A geração de ideias que possam virar projetos que muitas vezes são financiados pela própria corporação é algo constante. Vários projetos que hoje são partes integrantes da grande plataforma de produtos e serviços da empresa nasceram do lado de dentro das paredes do Googleplex, mas criados por funcionários, como um projeto próprio, pessoal, que futuramente foi repassado para o contexto da empresa. E os funcionários são remunerados por isso. Por gerar ideias inovadoras, disruptivas para a organização para a qual trabalham. Mais do que isso. Por vezes permanecem como coproprietários de um projeto por eles criado, que foi financiado pela empresa e para o qual foi constituída uma nova divisão ou mesmo um novo negócio. Exemplos? Google Maps, Google Earth, Google Moon, Google Street View. Todos esses projetos nasceram como iniciativas de funcionários, muitas vezes em horários em que deveriam estar comprometidos com o trabalho dentro de sua organização, sob a ótica de empresas tradicionais.

Esses projetos geram grandes receitas para a Google, mas os funcionários que participaram da criação dos mesmos em muitos casos permanecem sócios e por isso recebem parte dos lucros sobre essas áreas.

Revolucionário demais? Radical demais? Talvez para os padrões de negócios convencionais com que estamos acostumados a lidar no dia a dia do modelo vigente. Entretanto esse modelo vem sendo adotado em diversas outras empresas pelo mundo. Aliás, o modelo Google é uma forma de gestão de pessoas que se tornou um *benchmark* para empresas de Tecnologia de Informação.

Lá mesmo no Vale do Silício, tive oportunidade de visitar a PayPal, gigante de gestão de meios de pagamentos, na *internet*. A visita que fiz ao campus da PayPal foi também muito reveladora sobre a forma como os funcionários da empresa são tratados, sobre as exigências de formalidades de horários, vestimenta e comportamento. Assim como a gigante desenvolvedora do Android, a PayPal tem espaços prontos para receber funcionários em seus momentos de busca de inspiração, ou de Ócio Criativo, ou simplesmente de descanso. Em vários espaços entre os prédios existem locais destinados a esses momentos dos funcionários e visitantes.

Poderia continuar com exemplos de empresas que adotam esse modelo, seja nos Estados Unidos, seja aqui no Brasil, mas é importante pensarmos que essa forma de gestão não é algo que esteja apenas voltado para o bem-estar do funcionário. Se assim fosse, poderíamos imaginar que não existem cobranças, não existem metas, não existem resultados a serem obtidos, não existem relações de hierarquia e que não existem consequências para o não atingimento desses pontos.

Engano profundo. Por trás dessa liberdade concedida aos funcionários, existem sim todos esses pontos comuns a qualquer organização empresarial voltada a resultados. Os funcionários sofrem consequências por não atingirem os resultados estabelecidos, ou por não cumprirem prazos. A diferença é que a forma como vão administrar o seu tempo durante a realização dessas tarefas é de responsabilidade deles mesmos. Não existe ingerência por parte da empresa.

Claro que para isso existem muitos pontos que precisam ser levados em consideração, quando imaginamos a transposição dessa realidade para os modelos tradicionais de nossas empresas. As equipes devem ser maduras, comprometidas, a relação de chefia/gestão deve ser de apoio e não apenas de cobrança e controle. E sobretudo, a legislação do trabalho tem que ser diferenciada. Enquanto na Google um funcionário pode ficar dentro da sede trabalhando por 48 horas seguidas para desenvolver um projeto, e a seguir se autoconceder uma semana de descanso, para a nossa legislação isso seria totalmente ilegal, e geraria para o empregador sérias consequências em uma futura contenda trabalhista.

Portanto não há como simplesmente se observar essas práticas e trazê-las idênticas para os nossos negócios. Mais ainda, não significa que todas elas sejam benéficas para os nossos negócios tradicionais. O que realmente merece toda a nossa atenção é o fato de que essa forma de gestão está contribuindo para o crescimento e o desenvolvimento cada vez maior de empresas inovadoras. A liberdade de ação dos funcionários comprometidos e maduros traz resultados concretos para a empresa.

Vale olhar para dentro de nossas empresas e tentar encontrar meios para fazer isso, sem que necessariamente sejam tão ousados, radicais ou disruptivos. O que se observa é que acreditar no ser humano, confiar na liberdade que ele venha a ganhar pode ser positivo. Com acompanhamento, com cobranças, mas com valorização da pessoa. Com uma liderança que possa vir a ser um parceiro do colaborador, em busca de resultados para todos.

15 RH

Rosa Maria Mendonça Lima Juraci
e Frances Mendonça Lima da Silva

O líder de pessoas: e quem cuida do líder?

Rosa Maria Mendonça Lima Juraci

Frances Mendonça Lima da Silva

Rosa Maria: Economista, psicóloga escolar e clínica infantil com orientação à família. Empresária e diretora administrativa de uma empresa privada há 25 anos. Treinamento em Dale Carnegie Course como aluna e como assistente graduada. Especialista em Teorias e Técnicas da Clínica Psicanalítica Infantil pela Escola Bahiana de Medicina e Saúde Pública. Especialista em Gestão de Pessoas no contexto escolar. Palestrante com atuação em habilidades interpessoais, de comunicação e liderança, redução de estresse e autoconfiança.

(79) 99133-5935 / rosamendoncalima@hotmail.com

Frances: Psicóloga clínica, organizacional e de saúde pública. Formação em Psicoterapia de Orientação Psicanalítica pelo Núcleo Psicanalítico de Aracaju. Formação em estudos e práticas em famílias disfuncionais. Pesquisadora-bolsista no trabalho realizado pela equipe multiprofissional dos Consultórios na Rua em Aracaju. Escritora e palestrante nas áreas de saúde mental do ser humano, desenvolvendo potencialidades através das individualidades, favorecendo o clima organizacional em prol de uma produtividade saudável para a empresa e para o trabalhador. Experiência como professora de inglês voluntária para crianças socialmente desfavorecidas na Rússia e Hungria; aluna-bolsista em Intervenção Psicológica e Transformação do Trabalho na Universidade do Porto (FPCEUP).

(79) 99105-0001 / frances_ml@hotmail.com

De maneira geral, quando discutimos sobre liderança, reparamos algumas expressões comuns, tais quais: habilidades de inspirar pessoas, de provocar, de influenciar, de fazer acontecer resultados, de potencializar, de atingir metas, de conduzir pessoas com êxito, entre outras tantas grandes competências. Sem dúvidas, ser líder é bastante encantador e necessário para o desenvolvimento de uma sociedade civil. A construção da liderança deve sim se manter como um meio de competência em nossa cultura, no entanto, cabem aqui algumas reflexões sobre esse *fazer*.

Este capítulo em particular tem como sujeito de estudo principal o líder cuja função é liderar e gerir pessoas, que normalmente encontramos na tarefa do profissional de Recursos Humanos (RH). Quando pensamos nesse profissional, sabemos que independentemente de sua formação estão ali atreladas funções prescritas, como retenção de talentos, gestão de carreiras, gestão de cultura e clima organizacional, estratégias micro e macro-organizacionais, resolução de conflitos, treinamento e desenvolvimento pessoal. A eficácia de todas essas funções – o funcionamento saudável da empresa e a lucratividade -, no entanto, está diretamente relacionada a um potencial humano fortalecido, isto é, bem liderado.

O que nos chama atenção nesse papel em particular é a responsabilidade vinculada a todas essas atribuições. Sem dúvida o perfil de um bom gestor carrega traços como foco, diplomacia, resolutividade, articulação, persuasão etc. Mas é assim o tempo todo, numa linearidade? Tais características surgem assim, espontaneamente? Como é o dia a dia de um gestor de RH? O que é preciso para manejar tais funções da melhor maneira possível no dia a dia, na realidade?

Além desses questionamentos, inevitavelmente também percebemos o gestor de RH como um grande "cuidador", que sabe reforçar na hora certa, bem como sabe quando colocar certas limitações, a fim de atingir o potencial esperado pela empresa de cada um. Para tal cuidado, faz-se necessário um olhar técnico, mas também humanizado para cada trabalhador em particular. Cuidar de pessoas implica manejar esse olhar macro e micro simultaneamente e, acima de tudo, manter uma postura exemplar, que provoque nesses outros o estímulo de observar para aprender.

Pretende-se destacar aqui quantas habilidades são exigidas desse gestor. Tanto de cunho intelectual como afetivo, intuitivo, perceptivo e por aí vai. Liderança, nesse caso, é um fenômeno extremamente profissional, mas que vem necessariamente de uma boa liderança pessoal. Quem é gestor de RH sabe que gerir uma empresa e, consequentemente, pessoas não é uma tarefa tão fácil assim e que isso requer uma boa estrutura interna. Concorda-se aqui com o que coloca a autora Katherine Ribeiro (2016, p.143) sobre organização interna:

"O processo de autoliderança tem a gênese no autoconhecimento, no olhar para si mesmo, na leitura interna do pensar que eleva ao planejamento, ao comportamento e às ações. É incongruente pensar em um grande líder de pessoas que não possua uma efetiva autoliderança [...] um bom Coach se retroalimenta com autocoaching".

Portanto, faz-se o questionamento sobre esse *voltar para si* em prol do autodesenvolvimento, pois sabemos que o gestor de RH está ordinariamente se voltando para questões do mundo externo, cuidando de situações, da empresa, de trabalhadores. Sabemos o quanto representamos essa âncora, esse ponto central e norteador, que não podemos nos desestabilizar. No entanto, se não nos dermos conta de nossas próprias instabilidades não temos como dar conta delas e a probabilidade de elas tomarem conta de nós é, inevitavelmente, muito maior. É assim que funciona o nosso *inconsciente*.

Mas então como cuidar dessas partes que fogem do nosso controle? E quem poderia cuidar desse gestor? Que também é trabalhador? Que, para além de trabalhador, é um ser humano? Quem cuidaria dessa pessoa no trabalho? E quem cuidaria dessa pessoa em sua individualidade? Quem o reconheceria? Nós, da psicologia organizacional e do trabalho, sentimo-nos na obrigação de provocar tais reflexões, provocando assim a 'criticidade das cabeças'. (DUFOUR, 2005). Não obstante, trazemos também algumas contribuições teóricas para tal discussão.

Em primeiro lugar, é preciso considerar que nós, gestores, também precisamos de cuidado. Às vezes não damos conta de cuidar de nós mesmos o tempo inteiro e também precisamos de outras pessoas que consigam nos enxergar para além da imagem de líder. Isso é conceber que somos seres sociais, interdependentes. Senão, estaríamos apenas rígidos e fixados numa autoimagem que de fato consegue controlar variáveis, produtiva e ativa, mas no fundo se sabe que não somos só isso. Sabemos dos nossos esforços, dos dias ruins, dos conflitos pessoais, das motivações e desmotivações, de resistências, de desejos, de sonhos, dos prazeres e desprazeres no trabalho, das satisfações e frustrações também. Ou pelo menos deveríamos saber.

O fato de conhecermos muito pouco o que se passa dentro de nós é o que nos leva a fazer escolhas inconscientes, cheias de conflitos, levando a uma vida tão confusa quanto nosso próprio interior. Portanto, cuidar de si é reconhecer que somos muito mais do que o que a imagem na qualidade de gestor nos impõe. Afinal, liderar começa realmente da consciência que se faz de todo processo para que assim se tenha um domínio da situação e se consiga planejar e executar resultados.

Pense um gestor de si mesmo como uma mãe com vários filhos: cada filho é de um jeito, quer uma coisa, quer outra, gosta disso, outro daquilo, chora, briga, fica triste, feliz, com raiva. A função materna - que todos nós, independentemente de gênero, temos o potencial para – possui função integradora. Portanto, a mãe iria ouvir a cada filho e tentar fazer o quê? Um acordo. Tentaria conciliar a realidade com cada personalidade em particular. Um gestor de si, a caminho de sua liderança, precisa aprender a fazer negócios consigo mesmo. Dessa forma, podemos ter pessoas mais inteiras e presentes em seu trabalho, bem como podemos conseguir melhores níveis de motivação em longo prazo se todos esses "filhos internos" estiverem num diálogo. Lembre-se de que somos nós quem devemos tomar conta das instabilidades, pois elas são necessárias! Elas demonstram nossa personalidade individual e única e podem nos ensinar coisas fantásticas se soubermos como ouvi-las e como usá-las.

Falar sobre todo esse processo de autoconsciência de si retoma necessariamente as essenciais colocações de Patrícia Gebrim em seu livro "Gente que mora dentro da gente". A autora expõe cinco "Eus" que temos dentro de nós, sendo todos eles igualmente necessários. Compreendê-los é certamente uma maneira pilar para aprendermos a ir cuidando de nós mesmos e fazermos nossas escolhas com consciência e inteiros. Então vamos lá:

Eu Criança

Eu Inferior

Eu Mascarado

Eu Superior

Eu Observador

O **Eu Criança** é a parte de nós que traz espontaneidade. É a parte fluida, curiosa, aventureira, movida pelo humor, sensações, prazeres e alegria. É também a nossa capacidade de confiar, de se entregar à vida e às pessoas, de se abrir. Ela é a parte capaz de criar a cada encontro que se tem, ela é capaz de sonhar, de apreciar. Neste momento, como está a sua criança? Hoje, que somos adultos, por que vamos ficando sérios e as coisas vão se tornando tão comuns, previsíveis? Se nossa criança é tão bonita, tão capaz de criar, de perceber, por que vamos deixando-a de lado? Por que abandonamos e rejeitamos a nossa criança?

À medida que vamos crescendo, toda a ansiedade, teimosia, explosão da criança vai sendo taxada. Não é verdade? Ouvimos "Ai, que infantil!", "Você tem quantos anos mesmo?". E vamos nos afastando desse Eu. É claro que é natural e saudável que a gente vá entrando no princípio da realidade e desapegando de nossas próprias necessidades. Crescer de fato é fundamental para nossa inserção na sociedade. Tudo parece mais tranquilo e em ordem quando abandonamos tantas emoções e somos mais racionais. Mas preste bem atenção, essa criança não deixa de existir. Ela fica lá sentadinha, esperando, mas a depender do tempo e intensidade com que você a rejeita ela, inconscientemente, manipula algum jeito de chamar a sua atenção. A criança abandonada é uma faceta da criança que cria confusões, coloca as pessoas em situações com as quais nunca pensaram em lidar. Ela procura uma caixa de bombons, uma garrafa de vinho que a faça sair do controle um pouco, qualquer coisa.

Muito provavelmente o Eu criança de muitas pessoas nesse momento está muito bravo, ou triste. É natural na nossa sociedade contemporânea cheia de exigências. Percebemos muito isso trabalhando com funcionários na empresa ou no consultório. Aprender a cuidar de si não é assim tão fácil. Existem diversos "acordos" pendentes. Liderar a si mesmo como um todo não começa com a rejeição de nossas partes, mas sim com a compreensão delas para que aí sim possa-se fazer uma boa gestão. Você tem medo? Pois não tenha. É difícil, mas nossa criança pode nos ensinar tanto! E nós a ela. É necessário amar e acolhê-la sim, mas também orientá-la de que existem "coisas de criança" e "coisas de adulto". É aí onde entram outros Eus.

À medida que o tempo vai passando, o Eu criança vai se desentendendo com a família, com o mundo, com os outros, frustrando-se, até vir à tona sua braveza, medo, e tantos sentimentos negativos, nomeados de **Eu Inferior**. Todos nós possuímos partes relacionadas à inveja, tristeza, ódio, medo e tudo isso é muito natural. Mas, além disso, muitas pessoas se sentem culpadas por terem esse Eu tão feio, que às vezes é destrutivo com o outro ou consigo mesmo. Se pudéssemos aceitá-lo, talvez não precisaríamos falar sobre um outro Eu que sente vergonha e culpa por tais sentimentos. Julgamos feio ou errado e por isso a maioria das pessoas não quer que ninguém entre em contato com tais imperfeições.

Para esconder tais aspectos, passamos a construir uma máscara e é bem evidente o quão investimos nela para que fique bonita e pareça ser real. Passamos a mostrar ao outro uma caricatura que nos faz parecer alegres, fortes, tranquilos, amorosos, pacientes, gratos etc. As máscaras são várias e, assim como os outros Eus, nós também precisamos do **Eu Mascarado** para lidar com a sociedade que tanto nos exige. Também precisamos aceitar as nossas máscaras. Mas até que ponto isso é possível? Até que ponto essa máscara irá se sustentar? Se não olharmos bem para o que ela tenta esconder, se não fizermos as pazes com o Eu Inferior por trás de tudo, a probabilidade de essa máscara cair é grande. Com o passar do tempo, as pessoas percebem que existe algo a mais além do carisma, cabelos, roupas impecáveis, por exemplo.

Percebe a confusão que nossos Eus podem fazer se não tomarmos conta deles? À medida que nos afastamos e temos a capacidade de olhar para tudo isso sem se misturar, através do nosso **Eu Observador**, é que temos a chance de ir organizando um tempo e espaço para cada um no palco da nossa vida. É como se deixássemos de atuar sem consciência e quando finalmente nos tornamos o diretor da nossa própria vida. Essa é uma das noções com que a Psicologia pode contribuir com a liderança, de maneira mais humanizada e basilar, porém com efeitos em longo prazo.

Essa pausa que se faz, esse movimento de se retirar um pouco de um círculo vicioso, quando apreciamos nossa reconexão com nós mesmos, devemos ao **Eu Superior**. Ele está sempre conosco, logo, nunca estamos sozinhos. É ele que nos proporciona a sensação de *solitude*. Você se sentia próximo de seu "anjo da guarda" quando era criança? De uma energia sublime, capaz de proteger e cuidar? Essa sensação que, apesar do caos, tensões, lágrimas, faz com que você se conecte com você mesmo e aceite a impotência de controlar, entender ou explicar tudo? Essa mesma definição de Eu Superior pode ser encontrada no livro "Liderança e Espiritualidade" - que tem selo da Editora Leader - quando se fala da "nova liderança" a partir do respeito às expressões únicas da Fonte do Ser.

Tendo um melhor domínio sobre si é fato que nossas escolhas se tornam muito mais assertivas, consistentes, embora partam de uma série de flexibilidades. Não é que ser gestor de RH não seja possível sem uma gestão de si, mas é que qualquer pessoa pode vestir uma máscara e cumprir os requisitos exigidos de um gestor, no entanto, poucos se preocupam com o fato de que a liderança é um processo difícil de conscientização, integração e escolhas. Isso parte do cuidado do próprio gestor, cuja imagem é muitas vezes alvo de projeções bastante utópicas para um ser humano. O gestor de pessoas precisa, igualmente, ser cuidado. Isso garante um trabalho nas fragilidades e potencialidades, cujo manejo de talentos é indispensável para o sucesso da empresa. É apenas dialogando com seus diversos Eus que se consegue um comprometimento sólido do ser humano com a realidade do seu trabalho, nos quesitos de proteção e segurança, horário, produtividade, pois todos esses Eus estariam sendo vistos, no entanto, em acordo.

16 RH

Sara Isabel Behmer

Paixão por gente que faz

Sara Isabel Behmer

Brasileira. Mestre em Administração pela PUC de São Paulo, pós-graduada pela AMANA-KEY, Fund. Dom Cabral-KELLOGG, Universidade de Berkley, e UCLA, licenciada em Psicologia Organizacional. *Coach* pelo NeuroLeadership Group. Há 40 anos atua em RH. Como executiva em multinacionais de grande porte, atuou em gestão de mudanças, fortalecimento de cultura e clima, desenvolvimento de liderança. É professora em cursos de pós-graduação. Tem publicações sobre Liderança, Gestão de Treinamento, e Seleção de Executivos. Palestrante no Conarh, Amcham, ABRH, entre outros. Voluntária na Câmara Francesa.

(11) 99613-6861
sara.behmer@blueted.com.br
www.blueted.com.br

Um olhar para resultados

Meu olhar para a Gestão de Pessoas começou muito cedo. Eu estava com aproximadamente 12 anos de idade, e observava que minha mãe levava cerca de 30 dias para costurar um vestido novo para mim ou para minha irmã, e eu admirava seu esforço. Foi nessa época que para atender um trabalho de escola visitei uma indústria de ternos masculinos. Fiquei encantada durante a visita, uma pessoa fazia as golas dos paletós, outra fazia as mangas, outra fazia o corpo e outra juntava tudo e em algumas horas um paletó estava pronto. Aquele trabalho em equipe me fascinou, e um detalhe, nem todas as pessoas precisavam saber tudo. Comparei essa eficiência da produção dos ternos em equipe com a eficiência da minha mãe ao costurar vestidos e concluí que a força de várias pessoas juntas com o mesmo objetivo faria muita diferença na produção de um resultado.

Mais tarde, na década de 70, eu cursava o 2º Grau, época de escolha por uma profissão, foi que conheci *Reynolds Paul Shepard*, um americano, formado em Engenharia Eletrônica e Psicologia Organizacional, expatriado para a Alcoa do Brasil na função de gerente de Treinamento e Desenvolvimento. Quando Paul, como era conhecido, explicou que trabalhava para garantir pessoas preparadas, interessadas e alinhadas para atingir os objetivos da Alcoa, logo fiz associação com a experiência que tive na fábrica de ternos quando conheci na infância, imediatamente me encantei com as atividades da Psicologia Organizacional e imaginei o quanto ela poderia fazer pessoas terem resultados fantásticos e serem felizes. Foi nesse momento que fiz minha opção profissional e decidi cursar Psicologia Organizacional como graduação universitária, uma área que estava iniciando no Brasil. Meus familiares e amigos diziam que eu não teria futuro com essa profissão, mas contra tudo e todos segui minha visão.

Olhando para trás, me orgulho da escolha profissional que fiz, pois aprendi que GENTE QUE FAZ precisa ter VONTADE PARA FAZER, e a Psicologia Organizacional é a ciência que estuda o comportamento das pessoas no trabalho. A partir dos conhecimentos da Psicologia Organizacional pude realizar nas empresas onde atuei e atuo hoje em dia várias interferências no "mundo do trabalho" que resultaram em ganhos de resultados e felicidade.

Vontade de fazer

A vontade de fazer é algo invisível em qualquer ser, no homem mais ainda, você não vê a vontade, o que você vê é a ação, que pode ser espontânea ou forçada. A qualidade da ação espontânea é única, é rica, é criadora, é cheia de energia. A ação forçada é vazia, é fria, é apenas cumprir ordens certas ou erradas.

O papel das áreas de Recursos Humanos é contribuir com as empresas para que os profissionais de uma organização tenham vontade e prazer em produzir aquilo que a empresa precisa. Se pensarmos no "*home office*", mais ainda.

A vontade é uma emoção muito complexa, ela depende de uma escolha, essa escolha depende dos conhecimentos, de seus valores e suas crenças, estabelecidos ao longo de sua história de vida. Ao fazermos uma escolha, sentimos uma emoção, essa emoção provoca as atitudes, isto é, o posicionamento diante de determinados estímulos, os quais são expressos em comportamentos. Algumas emoções podem ser observadas, por exemplo, alguém ficar vermelho, porém nem todas são observáveis. O que vemos é o comportamento. Veja a figura 1.

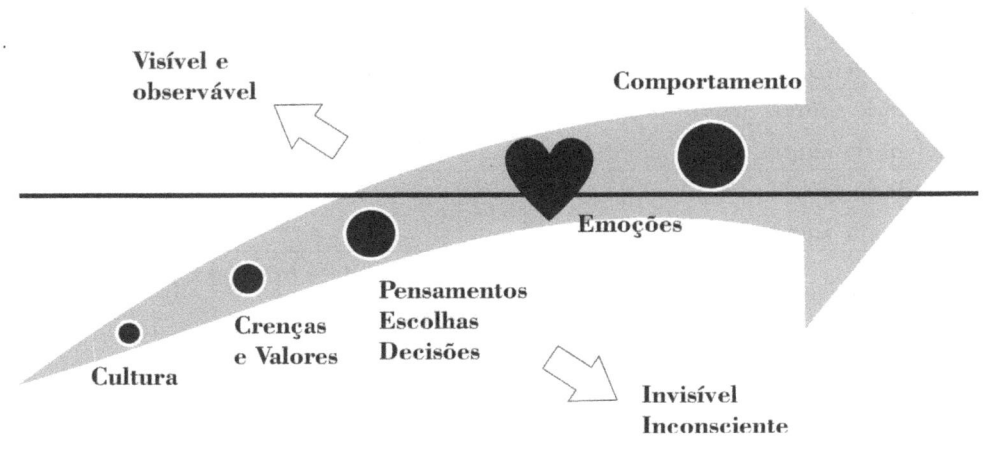

Figura 1

Costumo dizer que em uma empresa a área de finanças cuida do dinheiro, *marketing* e vendas cuidam da atração de clientes, produção cuida de produzir e que RH tem de cuidar das pessoas, para que tenham conhecimentos e habilidades, envolvimento, comprometimento, VONTADE DE FAZER.

Para que um profissional tenha VONTADE DE FAZER ele precisa de algumas condições que são gerenciadas pelos processos de RH. Vamos ver algumas na tabela na página seguinte:

Condição	Gerenciada pelos processos de:
Conhecimento técnico	Recrutamento
Afinidade com os produtos ou serviços da empresa	Recrutamento
Afinidade com Missão, Visão e Valores da organização.	Seleção
Sentir-se reconhecido	Avaliação de desempenho e políticas de recompensa
Ter recompensa financeira pelo seu trabalho	Remuneração
Entender a importância do seu trabalho para a organização	Treinamento e modelo de gestão
Bom relacionamento com superior	Modelo de gestão
Bom relacionamento com colegas	Cultura
Ter oportunidade de desenvolvimento e crescimento	Treinamento e políticas de promoção
Baixo desempenho, mudanças estruturais ou aposentadoria	Desligamento
Estar informado sobre a evolução da empresa	Comunicação interna
Sentir-se seguro fisicamente	Medicina e Segurança do Trabalho

Figura 2

Alguns exemplos da aplicação desses conceitos:

Processos de seleção:

O profissional que vai ser contratado necessita vivenciar um processo cuidadoso em que se possa garantir que o novo funcionário tenha todos os requisitos necessários para o exercício da função e que exista uma afinidade com a cultura e produtos da empresa. Ao implantar um processo cuidadoso de recrutamento e seleção nas empresas por onde passei, tivemos 100% de redução da rotatividade por falta de adaptação ao cargo e uma elevação média de 40% nas promoções.

Considero o recrutamento e seleção o processo mais crítico de uma organização, pois se falharmos na contratação não temos capital intelectual para realizar o trabalho. Nesse processo temos de garantir que as pessoas SAIBAM FAZER ou que tenham potencial para APRENDER A FAZER.

Modelos de gestão

Tão crítico quanto contratar o profissional correto é como cuidar dele. Cada empresa tem sua dinâmica e sua forma de funcionar, seja qual for ela, o importante é garantir alinhamento e afinidade entre líderes e liderados. Os líderes de sucesso são aqueles que conseguem fazer com que seus liderados tenham VONTADE DE FAZER o que precisa ser feito. Então o líder precisa FAZER FAZER.

Definição de liderança:

"Liderança é um processo de influência; nesse sentido, os líderes são indivíduos que, por suas ações, encorajam um grupo de pessoas rumo a uma meta comum ou compartilhada"[1].

Muitas são as teorias sobre liderança, porém, na era pós-contemporânea em que vivemos, considero a teoria da "Liderança Visionária" estudada por Burt Nanus como a mais adequada ao nosso tempo. Segundo ela:

"Liderança Visionária é a habilidade para criar e articular uma visão do futuro, realista, digna de crédito e atraente, que cresce a partir do presente e o aperfeiçoa"[2].

Existem vários programas para formação de líderes, porém, os mais praticados na atualidade são os de autoconhecimento e Coaching executivo, por serem desenvolvidos de maneira personalizada para trabalhar competências específicas de acordo com a necessidade do líder e da empresa.

Durante minha trajetória profissional e acadêmica estudei o comportamento de executivos de sucesso, pude constatar que todos eles fizeram importantes investimentos no aprendizado de conceitos e técnicas para fazer gestão de pessoas.

---

1 Johan Gardner
2 Burt Nanus

Na minha jornada profissional tive o prazer de desenvolver e implementar programas de treinamento para líderes e equipes desacreditadas que resultaram em expressivos ganhos de produtividade, prazer e realização.

Processos de desligamento

O cuidado, atenção e respeito ao desligar funcionários é fundamental, pois tem impactos no próprio desligado, nos colegas, na imagem da organização perante o mercado, nos sindicatos, e nos clientes.

Existem vários motivos para um desligamento, entre eles: baixo desempenho, redução de atividade da empresa, mudanças estruturais, aposentadoria etc.

Qualquer que seja o motivo, o que aprendi nesses vários anos de atividade é que o funcionário desligado prefere que a informação quanto ao seu desligamento venha do seu superior imediato. O desligado precisa ter a oportunidade de comentar seus sentimentos e de ser respeitado por isso.

O tratamento dispensado a um profissional desligado gera marcas eternas, não só no próprio profissional quanto em todos a sua volta.

Inteligência Humana X Inteligência Artificial

Muitas vezes a organização tende a valorizar apenas seus produtos ou serviços, sua tecnologia, sua marca, mas se esquece de valorizar seu capital intelectual. O papel do RH é lembrar a todos da organização que por trás de uma máquina tem alguém que apertou um botão. Por trás de um livro tem alguém que analisou, pesquisou, criou um texto e colocou no papel. Por trás de um filme tem alguém que idealizou um roteiro, escolheu cenários, deu vida a uma ideia. Por trás de uma invenção tem um sonhador.

Ainda nessa linha, foi a inteligência humana criadora que desenvolveu a inteligência artificial, tão discutida, temida e admirada na atualidade. Faz-se importante destacar que toda e qualquer intervenção humana nas organizações gera consequências no modelo organizacional, exige novos aprendizados e novas competências.

Empresas de sucesso

Como destaquei anteriormente, toda e qualquer intervenção humana nas organizações gera consequências no modelo organizacional. A figura 3 esquematiza o DNA de uma organização, nela podemos identificar que pessoas e cultura têm impacto no modelo da organização.

DNA da Organização

- Estrutura
- Sistemas
- Pessoas
- Cultura

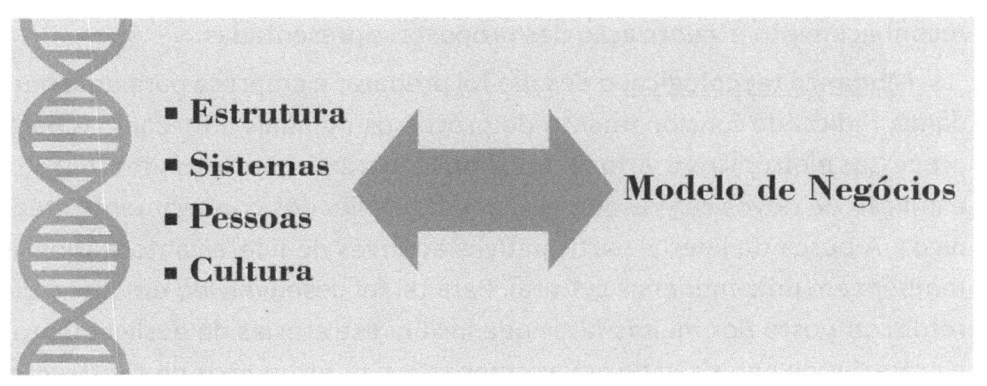

⟷ Modelo de Negócios

Figura 3

Isso quer dizer que o RH precisa gerenciar de maneira técnica e científica toda e qualquer mudança no quadro de líderes. Quando um líder que faz as pessoas terem VONTADE DE FAZER é substituído precisa-se garantir que o sucessor esteja apto a mobilizar as pessoas para terem VONTADE DE FAZER.

Somente líderes que acreditam na força das pessoas e da equipe constroem empresas vencedoras, pois têm atenção à qualidade do capital humano e aos modelos de gestão.

Na minha jornada como executiva de RH, tive o prazer de influenciar e formar muitos líderes e de cuidar para que as competências e a cultura da empresa fossem fortalecidas e ajustadas a cada evolução dela. Isso implicou programas de treinamento e desenvolvimento desenhados para atender ao plano diretor das empresas, com uma visão de cinco a dez anos à frente.

Destaco três projetos:

Jornada para Excelência: diante da necessidade de obter altos índices de produtividade e qualidade dos produtos de uma empresa multinacional, foi desenvolvido um programa para elevar a participação de todos na busca de produtividade e qualidade dos produtos fabricados. Isso implicou a mobilização de todos os líderes, de maneira técnica e estruturada, para que os mesmos estimulassem a participação de suas equipes na produção de propostas de melhoria, e também na implantação de um programa de reconhecimento e valorização das propostas apresentadas.

Mudança tecnológica: o desafio foi preparar a empresa para uma mudança radical de funcionamento de processos manuais e mecânicos para processos eletrônicos e virtuais. Isso implicou a extinção de muitas funções e criação de novos cargos que exigiam determinados conhecimentos técnicos. A busca de líderes participativos ao invés de líderes autoritários, e também em uma mudança cultural. Para tal foi desenvolvido um plano diretor composto por muitas fases que incluiu estratégias de desligamento, estratégias de aquisição de novas competências, programas de construção de equipes, programas de mobilização e reconhecimento, programas de comunicação para reportar a evolução do processo.

Mudança de Estrutura Organizacional: influenciada pela globalização a empresa precisou mudar de sua estrutura autoritária e de único reporte para uma estrutura matricial, tal mudança implicou o desenvolvimento de um programa para uma mudança cultural drástica em que foi necessário instalar novos valores tais como cooperação, confiança etc. Para tal foi desenvolvido um intenso programa para desenvolvimento de líderes visando obter posturas adequadas à estrutura matricial.

Risco da falta do Capital Humano

O RH tem o papel de traçar um plano estratégico para evitar o risco da falta do capital humano. Estudos da Korn Ferry (2014) apontam que 86% das empresas continuam com problemas de atração e retenção nos níveis profissionais e técnicos, o que indica uma falta de profissionais mais especializados no mercado brasileiro. Em paralelo, ressalta uma cultura, especialmente dentro das organizações brasileiras, de não desenvolver e/ou reter talentos.

Quando o capital humano não atende a necessidade da empresa temos o que alguns autores chamam de *turnover* cego ([3]), ou seja, o profissional está presente na organização, porém, não contribui intelectualmente. Nessa condição digo que o profissional NÃO TEM VONTADE ou NÃO SABE FAZER.

Finalizando

O conhecimento de RH aplicado às organizações é vital para o sucesso das mesmas, seja ele vindo de uma área de RH ou do modelo de gestão da organização.

Entender que o ambiente organizacional vem se alterando com impactos dramáticos e muitas vezes incompreendidos sobre as pessoas e as culturas das organizações nos leva a dar atenção à necessidade de traçar estratégias para reduzir o risco de capital humano.

Hoje continuo minha jornada de aprendiz de comportamento humano, tenho me dedicado aos estudos da Psicologia Positiva e Neurociência, e também me dedicado à atividade de Coaching Executivo, afirmo que somente profissionais com VONTADE DE FAZER e ABERTURA PARA APRENDER vão criar nas organizações mais valor que os concorrentes de forma sustentada e consistente.

Somente líderes que valorizam pessoas, que têm RH na veia, terão capital humano nas suas organizações.

---

3 REICHHELD

REFERÊNCIAS BIBLIOGRÁFICAS

LEVERING, R. **Um excelente lugar para se trabalhar: o que torna alguns empregadores tão bons (e outros tão ruins)**. Rio de Janeiro: Qualitymark Ed., 1997.

MOTA, D. A. **A liderança essencial**. São Paulo: Virguiliae, 2014.

NANUS, B. *Visionary Leadership: Creating a compelling sense of direction for your organization.* United States of America: Jossey-Bass, 1992.

RAELIN, J. A. *Don't Bother Putting Leadership into People*. Academy of Management Executive, 2004 vol.18 n. 3.

REICHHELD, F. F. *The Loyalty Effect: the hidden force behind growth, profits and lasting value.* Boston, Massachusetts: Harvard Business School Press, 1996.

17 RH

Suzy Dayse Vasconcelos

Coach, coachee e RH: ampliando a tríade da excelência

Suzy Dayse Vasconcelos

Presidente fundadora da Liga Sergipana de Coaching – Liserco, e das Ligas Irmãs no Brasil. Presidente da Escola da Liderança Inspiradora – ELI. Master Coach Executive, Master Practitioner em PNL, Professional & Self Coaching, analista Comportamental e 360°, certificada internacionalmente. Membro do Instituto Brasileiro de Coaching. 28 anos de magistério em ensino médio e superior. Pós-graduada em Pedagogia Empresarial, Magistério Superior, Neurociência da Aprendizagem. Graduada em Letras e Comunicação Social. Pesquisadora de Metodologias Ativas e PBL, formadora de professores, consultora, escritora e palestrante.

(79) 99973-5592
coachsuzyvasconcelos@gmail.com
@suzyvasuacoach

> *"Nunca me esquecerei desse acontecimento*
> *Na vida de minhas retinas tão fatigadas*
> *Nunca me esquecerei que no meio do caminho*
> *Tinha uma pedra*
> *Tinha uma pedra no meio do caminho*
> *No meio do caminho tinha uma pedra."*
> *(Carlos Drummond de Andrade)*

E eu fico aqui pensando... No meio do caminho havia não uma pedra, mas algumas pedras... E eu sei que no olhar do poeta cabem todas as metáforas do mundo e que podemos ressignificar todas elas. E o que eu também sei hoje é que tudo depende do que você escolheu fazer com as pedras do caminho.

Estou no meio da jornada, com quase meio século de existência (faltam dois anos para completar o meio século... rsrsr) desta incrível cronologia, tenho firme em mim todos os anos aliançados com a educação; a comunicação, a consultoria e o Coaching, sim, aliançados, comprometidos e tomados por essas paixões por todos os poros, em todas as estações e em todos os doces e azedos sabores.

O que existe hoje de mais importante é o que faço com tudo isso que trago na mala. Saindo de mim e cada vez mais próxima de todos os outros profissionais que encontrei nesse caminho, vou expandir a pergunta: o que podemos fazer com tudo isso que já está em nossas malas? Como organizar com perfeitas habilidades o nosso espaço? Como ser reconhecido e ter autoridade por essa bagagem acumulada em várias malas diferentes? Como manter os olhos motivados, os ouvidos atentos, as mãos criativas e a boca em comunicação assertiva? E a alma? Sim, a alma em gestão emocional cativa, resiliente, oferecendo *feedbacks*, *follow-ups*, tudo isso para turbinar sua profissão. Ufa!!!! Claro que isso é só o começo para o empenho de um profissional de alta *performance*, que busca a excelência como um caminho constante, e não o que visualiza somente a pedra, mas aquele que tem certeza da competência em construir castelos. Castelos para você e para todos em sua jornada. Foi por esta certeza, esta confiança e esta fé que eu escolhi compartilhar o caminho com todos vocês. *Carpe diem*!

Não se trata de saber quem é você, mas de possuir clareza sobre a sua missão, a sua visão e os seus valores. Quando não estamos alinhados com essa tríade, não definimos as etapas da jornada, e sem um mapa a central das emoções continua embalando lindos sonhos em sua rede de conforto.

Eu passei quase 20 anos focada na missão e nos valores, e não compreendia que é a visão que instala um acelerador em nossas ações e nos direciona para o próximo nível. Então entendi que eu tinha a chave certa e não existia porta errada.

☆ Iluminando ações 1

- Escreva sua missão, sua visão e seus valores, cada um em uma folha A4 de cor diferente, e cole na parede do seu quarto.
- Leia diariamente por 21 dias consecutivos, e crie um painel de excelência para você.
- Validar o que você escreveu com as três pessoas que mais conhecem você, confirme se é exatamente isso que você deseja estabelecer. Esse é um bom começo.

Depois disso, você deseja saber no que o Coaching Executivo pode ajudar você em sua empresa. O Coaching como metodologia interdisciplinar, que bebe na fonte da Administração, Psicologia, Sociologia, Filosofia, Inteligência Emocional, Neurociência e tantas outras, auxilia diretamente no desenvolvimento de ações que levam você para um nível de produtividade, assertividade e solução de problemas.

O Coaching Executivo apresenta a tríade que impulsionará os resultados da sua empresa: o *coach* (treinador), o *coachee* (o cliente) e o RH (Recursos Humanos).

O *coach* é um profissional devidamente habilitado para o desempenho dessa função, será o responsável por apresentar os benefícios do Coaching Executivo em sua empresa. A partir de um *briefing* muito bem feito o profissional *coach* alinha o processo claro e objetivo que a empresa possui como meta. Alavancar os resultados estabelecidos constitui um acordo contratual entre as partes. O trabalho do *coach* dentro da empresa garante a ética e o sigilo absoluto com os *coachees*, bem como a eficiência dos seus processos para atingir os resultados esperados e acordados pela empresa. A partir de um alinhamento estratégico cauteloso, o *coach* traça o plano de ação em direção aos resultados estabelecidos no contrato com o RH e as partes envolvidas.

O mundo corporativo necessita de profissionais preparados para constantes desafios e mudanças e em como lidar com suas potencialidades e fragilidades, e é neste âmbito que confirmamos o real valor do Coaching Executivo. Não falo aqui de forma empírica, pois todo *coach* executivo deve apresentar resultados mensuráveis, porque o foco absoluto desse trabalho é o resultado. Se uma das solicitações da empresa foi aumentar 20% o faturamento reduzindo o impacto de estresse na equipe, a entrega desse resultado no final do processo é mensurável, o que gera a confiabilidade em processos de Coaching *in company*.

☆ Iluminando ações 2

Quais as principais estratégias para elaboração do Projeto de Coaching Executivo?

- Conhecer a história da empresa, a missão, visão e valores, validando com os diretores se o que está descrito no papel ainda representa mesmo a empresa ou se existe um grande hiato entre o papel e a realidade. Só podemos ajudar a empresa com o máximo de clareza possível sobre todas as áreas.

- Elaborar um *briefing* eficaz, capaz de tornar claros para o cliente todos os resultados que ele deseja alcançar com o Coaching Executivo a partir das diretrizes das organizações. Nessa fase, o *coach* precisa compreender todos os aspectos que ocasionaram a demanda da contratação ou que a contratação pode solucionar. Nessa etapa o papel do RH continua sendo predominante com a contribuição do levantamento fidedigno de dados e as principais lacunas a serem trabalhadas no processo de Coaching.

- Estabeleça como os resultados serão mensurados na empresa. A entrega do resultado determina a certeza do processo de mudança, o certo é tudo aquilo que foi combinado entre a tríade: *coach*, *coachee* e RH.

E quais seriam as principais razões para uma empresa contratar um *coach* executivo? As pesquisas apontam as principais, entre elas a solução de problemas comportamentais específicos, desenvolver habilidades de líderes que estavam se preparando para cargos mais altos ou transição de carreira, líderes que necessitam de assertividade na comunicação e desenvolver a oratória e principalmente desenvolver a liderança. Segundo a pesquisa da Sherpa Coaching Executive Survey (2015), nos últimos seis anos a liderança proativa se mantém como principal causa da necessidade e contratação de um *coach* executivo nas empresas.

A liderança proativa e inspiradora é uma competência que pode ser desenvolvida de dentro para fora e de fora para dentro. O Coaching possui várias ferramentas e recursos que se destinam a levar o *coachee* para esse patamar. A competência emocional é o primeiro item desse conjunto, a liderança é uma linda orquestra em que cada instrumento precisa da afinação perfeita para um belíssimo acorde. Conforme Daniel Goleman, um líder hábil mantém-se sintonizado com as sutis correntes subterrâneas de emoção que permeiam o grupo e é capaz de ler o impacto que suas ações causam nessas correntes. Afirma ainda que o líder estabelece sua credibilidade na capacidade de captar os sentimentos coletivos, não expressos, e articulá-los para o próprio grupo, ou então agir de tal modo que demonstre aos membros do grupo que eles estão sendo compreendidos. Sendo a liderança o principal motivo apontado em todas as pesquisas mundiais quanto à necessidade de contratação de um *coach* executivo nas empresas, apontaremos também três das principais competências de um líder que são trabalhadas no processo de Coaching.

A seguir, as competências e habilidades de um líder além de inspirar e guiar:

Competência emocional

Conforme o dr. Tom Chung, as definições e habilidades são assim descritas:

- **Regulagem reflexiva das emoções para promover o crescimento emocional e intelectual:**

    ✓ Habilidade de validar, de se manter aberto às emoções, sejam elas agradáveis ou desagradáveis.

    ✓ Habilidade de se engajar (associar) ou de se separar (dissociar) das emoções conscientemente, de acordo com a utilidade e as informações que ela pode trazer.

    ✓ Habilidade de refletir e monitorar as suas emoções em relação a si mesmo e às outras pessoas; por exemplo, reconhecer como elas são claras, influentes ou razoáveis.

    ✓ Habilidade de administrar as próprias emoções e as dos outros, dessensibilizando as emoções negativas e amplificando as positivas.

- **Análise e compreensão das emoções: uso do conhecimento emocional:**

    ✓ Habilidade de avaliar as emoções e reconhecer as relações entre as palavras e os sentimentos que elas despertam.

    ✓ Habilidade de interpretar corretamente os significados que as emoções estão expressando no contexto em que estão ocorrendo. Por exemplo, como a tristeza geralmente acompanha uma perda.

    ✓ Habilidade de compreender sentimentos complexos, como emoções simultâneas de amor e ódio, de medo e surpresa.

    ✓ Habilidade de reconhecer as transições subjetivas das emoções, como as transições de raiva para satisfação ou de raiva para vergonha.

- **Percepção, avaliação e expressão da emoção:**

    ✓ Habilidade de identificar as emoções através do estado físico, não-verbal, das pessoas.

    ✓ Habilidade de identificar as emoções em outras pessoas através da linguagem, musicalidade da voz e aparência das pessoas.

- Habilidade de expressar as emoções com precisão e expressar as necessidades relacionadas a elas.
- Habilidade de discernir as expressões honestas das desonestas, adequadas de inadequadas de emoções.

Competência comunicativa

A comunicação, conforme sua própria raiz etimológica, precisa ser um processo comum a todos; não é uma intenção, mas sim foco absoluto no resultado. Todo comportamento na empresa é gerado por uma ação, que por sua vez foi gerado pela comunicação. O líder e todos que fazem parte da empresa precisam de uma comunicação clara e convincente, assertiva e 100% da responsabilidade de quem quer comunicar.

Conforme Daniel Goleman, apresentamos o conjunto de habilidades abaixo descrito:

- **Influência:** utilizar ferramentas eficazes de persuasão
    - São capazes de persuasão.
    - Fazem a sintonia fina das apresentações a fim de atrair quem as ouve.
    - Usam estratégias complexas, como a influência indireta, para obter consenso e apoio.
    - Orquestram eventos espetaculares a fim de marcar um ponto de vista.

- **Ouvir atentamente e enviar mensagens assertivas**
    - Acompanham bem o *feedback* do grupo captando as dicas emocionais para adequar suas mensagens.
    - Lidam de forma direta com as questões difíceis.
    - Ouvem bem, buscando a compreensão mútua, e se dispõem plenamente a compartilhar informações.
    - Incentivam a comunicação desimpedida e se mantêm receptivas tanto às boas quanto às más notícias.

- **Gerenciamento de conflitos**

    ✓ Lidam com tato e diplomacia com pessoas difíceis e situações tensas.

    ✓ Identificam conflitos em potencial, trazem à tona os desacordos, e ajudam a desativar uma situação de conflito.

    ✓ Incentivam o debate e a discussão aberta.

    ✓ Orquestram soluções em que todos saem ganhando.

- **Competência proativa, colaborativa e catalisadora de mudanças**

    ✓ Protegem o grupo e sua reputação; compartilham os créditos do sucesso.

    ✓ Motivam o grupo para que aprenda mais facilmente.

    ✓ Formam a identidade da equipe, espírito de corpo e engajamento.

    ✓ Mantêm o equilíbrio entre a concentração nas tarefas e o cuidado com os relacionamentos.

    ✓ Identificam e alimentam oportunidades de colaboração.

    ✓ Reconhecem a necessidade de mudanças e superam barreiras que as atravancam.

★ Iluminando ações 3

Quais documentos o RH pode disponibilizar para auxiliar o Coaching Executivo na empresa?

- Avaliação de desempenho
- Análise de perfil comportamental
- Avaliação 360º

*Ouçam,
em cada escritório
ouvem-se os fios
do amor, e da alegria e do medo e da culpa,
os brados de celebração e de reafirmação,
e de algum modo você sabe que ligar esses fios
é o que se espera de você...*

*(James Autry, ex-executivo da revista
Fortune e presidente da Meredith Corporation)*

O mundo corporativo exige mesmo saber ligar os fios e levar o *coachee* a enfrentar seus desafios, sua autossabotagem e seu autoconhecimento, que possa sair do estado atual para o estado desejado. Nesse processo de Coaching Executivo, não são trabalhados todos os problemas do *coachee*, mas as questões comportamentais que interferem diretamente no processo que ele precisa alavancar dentro da empresa. Para todos os outros problemas pessoais o cliente pode contratar um *coach* de vida, de carreira, de relacionamentos, entre outros nichos, a depender da sua questão específica. O *coachee* geralmente apresenta os seguintes questionamentos perante a possibilidade de um processo de Coaching: "O que eu preciso aprender, pensar e saber para poder modificar meu comportamento? Que comportamentos eu irei desenvolver para alcançar os resultados combinados com a empresa? Como saberei se o que eu falo nas sessões de Coaching não será informado ao meu chefe?" Perguntas como essas reforçam a importância de um contrato bem elaborado e criterioso com o RH, e que cada *coachee* também possa assinar o seu contrato individual em que assinará junto com seu *coach* a cláusula de sigilo e ética, a quantidade de sessões e os objetivos a serem alcançados.

☆ Iluminando ações 4

Quais são os tipos de empresas que possuem um perfil para a contratação de um Coach Executivo?

- Não existe um perfil específico, toda e qualquer empresa pode contratar um Coach Executivo, desde que deseje alavancar processos, desenvolver a liderança, modificar comportamentos específicos.

- Pode ser realizado em empresas públicas e particulares, independentemente do nicho de atuação.
- Empresas comprometidas com o desenvolvimento de pessoas e com o gerenciamento do processo após o processo de Coaching *in company*.

Querido leitor, comecei a nossa jornada com um poema e termino com a metáfora que escrevi especialmente para você, espero que tenha aproveitado a jornada.

MOTUS ANIMA

Motus Anima era uma dessas pessoas raras, que sonhava em ser reconhecido por fazer algo de extraordinário no mundo.

Motus Anima sonhava em equilibrar pratos, e queria muito ser um equilibrista talentoso, porém, Motus Anima não se achava merecedor de tamanha honraria, pois tinha medo de fracassar. É... às vezes temos medo.

Motus Anima começou rodando um único prato e equilibrando na vareta, quando se tornou expert passou a equilibrar o segundo, e sempre que percebia que o primeiro ia perdendo velocidade e cairia, ele dava um leve toque para continuar girando. Essa é uma ação muito cansativa, exige foco, determinação e fé. Esse sonho tomava muito tempo, o tempo da família, do lazer, da saúde; e os pratos sempre aumentando. Entendendo que nada gira sozinho para sempre, surge um grande amigo, Latus Tum, que também era um grande equilibrista de pratos. Motus Anima sempre mirava seus sonhos na lua e passou a formar um grande time de equilibristas de excelência, para que pudessem desenvolver essa habilidade genuína; sempre de olho nas varetas para que o espetáculo continue grandioso. E o mais importante, Latus Tum, que em Latim significa "ao seu lado", aplaudiu a história de conquista, doação, empenho e escolhas feitas por Motus Anima para que ele fosse o maior equilibrista de pratos que ele pudesse ser, um verdadeiro Motus Anima, do Latim, "o espírito que se move".

Motus Anima também atende pelo nome de (escreva aqui o seu nome)

_____ .

18 RH

Thaís Ettinger

Entrevista comportamental com foco em competências: identificando o perfil certo

Thaís Ettinger

Doutora em Administração, mestre em Administração de Empresas, pós-graduada em Gestão Estratégica de Recursos Humanos e graduada em Administração. Atua como consultora de Gestão e como docente de MBA e de graduação tanto na modalidade presencial quanto na modalidade EAD. Tem experiência na área de gestão, atuando principalmente nos seguintes temas: Seleção de Pessoas; Planejamento e Gestão Estratégica de RH; Treinamento e Desenvolvimento de Pessoas e Avaliação de Desempenho.

thaisettinger@hotmail.com

"Não se preocupe. As melhores pessoas
sempre carregam alguma cicatriz."
(America Singer)

O processo de recrutar e selecionar pessoas

O recrutamento e seleção de pessoas é um processo que exige planejamento e definição das técnicas que deverão ser utilizadas para que possamos minimizar os erros ao escolher a pessoa certa, para o lugar certo, na empresa certa.

E como saber se as técnicas escolhidas são as mais seguras? Como saber se encontramos o perfil adequado?

Neste capítulo será apresentada a técnica de entrevista comportamental que visa identificar se um candidato possui as competências comportamentais necessárias para ocupar um cargo e, consequentemente, encontrar a pessoa certa para a função.

A entrevista: seleção por competências

A técnica da entrevista em um processo de seleção é uma das técnicas mais conhecidas e utilizadas pelas empresas. Por ser aplicável a qualquer função, a entrevista tem a finalidade de levantar informações sobre o candidato tendo por base perguntas que possam auxiliar na identificação das competências exigidas para determinado cargo. Sendo assim, como não é possível identificar algumas características do candidato apenas pela análise curricular, a entrevista acaba sendo uma grande aliada na seleção de pessoas.

Dutra (2012) considera que o processo de seleção por competência e mais precisamente a entrevista comportamental, acaba sendo mais objetiva e mais assertiva que os demais processos, pois essa técnica possibilita uma maior adequação do profissional à empresa e uma maior garantia de boa avaliação futura do profissional, proporcionando um *turnover* mais baixo, maior produtividade e finalmente demonstrando que foi uma contratação de sucesso.

Mas o que deve ser investigado na entrevista? Como as perguntas devem ser elaboradas? Como o entrevistador deve se preparar?

Essas são algumas perguntas feitas por profissionais responsáveis por identificar talentos para as empresas e a preparação, de acordo com Carvalho *et al.* (2008, p. 50), consiste basicamente em:

- Identificar a visão e missão da organização;
- Identificar a estratégia competitiva da organização;
- Identificar os objetivos de curto, médio e longo prazos;
- Identificar as competências básicas da organização;
- Identificar as competências essenciais da organização;
- Identificar os sinalizadores de competências;
- Mapear as competências funcionais concernentes a cada sinalizador;
- Definir conceitualmente as competências funcionais levantadas;
- Definir os indicadores observáveis para cada competência.

Então, o que seria a entrevista comportamental?

A entrevista comportamental parte do princípio de que os comportamentos passados podem dar indícios de comportamentos futuros e que poderão ou não colaborar para o sucesso do profissional na organização.

Sendo assim, fazendo uma adaptação do que foi sugerido anteriormente por Carvalho *et al.* (2008), para assegurar que a entrevista comportamental ocorra da forma como se espera, este capítulo concentrará a explicação da técnica nos passos a seguir:

- Fazer o levantamento do perfil ideal para o cargo.
- Mapear e conceituar as competências de acordo com o perfil ideal que foi levantado.

- Elaborar o roteiro de entrevista comportamental.

Dessa forma, vamos analisar de forma mais direta como desenvolver e utilizar a entrevista comportamental na seleção por múltiplas competências.

Levantamento do perfil ideal

Para iniciar um processo de recrutamento e seleção de sucesso é fundamental fazer um levantamento do perfil detalhado para a vaga que se almeja preencher, assim evitaremos a perda de tempo buscando o candidato certo sem que ao menos saibamos quem ele deve ser.

Podemos conceituar perfil como o conjunto de conhecimentos, habilidades e aptidões que o candidato deverá ter para ocupar uma vaga em uma determinada empresa. É importante frisar, nesse momento, que "Perfil Ideal" é diferente de "Perfil Idealizado", pois é preciso que haja alguma flexibilidade no processo já que as possibilidades de mão de obra do mercado podem variar. Entretanto, a busca pelo perfil ideal deverá ser sempre com o foco de encontrar o melhor profissional para preenchimento da vaga e a utilização de técnicas como a entrevista comportamental poderá reduzir a chance de erro durante o processo.

Para o levantamento do perfil ideal é preciso ter a consciência de que alguns pontos a serem considerados não poderão ficar de fora, de acordo com Pereira (2013), como:

- os valores e missão da empresa, da área e do gestor requisitante;
- os motivos que estimularam a abertura da vaga;
- as atribuições e atividades a serem desempenhadas pelo novo colaborador;
- o nível de responsabilidades, decisões e ações determinadas do cargo.
- as informações que deverão ser acertadas com os candidatos: salário, benefícios, local de trabalho, horários etc.;
- eventuais exigências legais para a atuação da função;
- as competências técnicas que são pré-requisito para ocupar a posição: experiência profissional específica (ter ocupado determinado cargo ou participado de projetos específicos);

- as competências comportamentais importantes para o desempenho pleno da função. Em outras palavras, o conjunto de conhecimentos, habilidades e atitudes necessário ao cargo.

Para que essa etapa inicial seja concluída com sucesso, é muito importante que o selecionador tenha uma parceria forte com o requisitante da vaga, pois os pontos citados para o levantamento do perfil ideal só serão alcançados da forma correta se houver essa relação profissional entre as partes.

Mapeamento das competências

Etapa 1

Primeiramente, para mapeamento das competências e considerando que a descrição do cargo está atualizada, é necessário listar todas as atividades que são exigidas para o desempenho da função.

Para facilitar o entendimento, será apresentado a seguir um exemplo de um cargo qualquer.

Cargo: Analista de Recursos Humanos

a) Atividades a serem desempenhadas na função

1. Dar suporte à gestão de pessoas
2. Recrutar e selecionar novos colaboradores
3. Levantar as necessidades de treinamento
4. Avaliar o desempenho das pessoas na organização
5. Desenvolver planos de carreira
6. Disseminar a cultura organizacional

Etapa 2

A etapa subdivide-se em:

Etapa 2.1

Após a identificação das atividades a serem desempenhadas na função é preciso analisar quais são as competências essenciais que estão relacionadas a cada atividade. Assim, começaremos a agrupar as competências de acordo com as reais necessidades do cargo, conforme o exemplo dado anteriormente:

Competências necessárias para o desempenho das atribuições	
Atribuições	Competências necessárias
1. Dar suporte à gestão de pessoas	Organização, planejamento e comunicação
2. Recrutar e selecionar novos colaboradores	Agilidade, planejamento, organização e flexibilidade
3. Levantar as necessidades de treinamento	Comunicação, agilidade e atenção
4. Avaliar o desempenho das pessoas na organização	Organização, planejamento e foco
5. Desenvolver planos de carreira	Organização, planejamento, comunicação, flexibilidade e negociação
6. Disseminar a cultura organizacional	Comunicação, agilidade e criatividade

Etapa 2.2

Entretanto, se bem observado, podemos identificar que no caso explanado e na grande maioria dos casos temos competências similares e que poderão ser agrupadas dentro de uma mesma "categoria". Ou seja, temos que verificar se utilizamos nomes diferentes para nos referirmos à mesma competência, ou se a competência identificada é contemplada por uma competência mais ampla, como:

Competência	Outras denominações possíveis
Agilidade	Dinamismo, rapidez, administração do tempo, foco nos objetivos etc.
Atenção	Capacidade de observação, percepção, foco nas atividades etc.
Comunicação	Capacidade de síntese, habilidade de relacionamento interpessoal, bom humor, habilidade para ouvir, solução de conflitos etc.

Etapa 2.3

Feito isso, é necessário que seja identificado o grau de relevância de cada competência para que saibamos quais são as competências mais ou menos importantes para a atuação de um profissional na função.

Ainda utilizando o exemplo do cargo Analista de Recursos Humanos e considerando as competências necessárias que foram identificadas, percebemos que a ordem decrescente da quantidade de vezes em que as competências se repetiram foi:

- Organização (4)
- Planejamento (4)
- Comunicação (4)
- Agilidade (3)
- Flexibilidade (2)
- Atenção (1)
- Foco (1)
- Negociação (1)
- Criatividade (1)

Etapa 2.4

Agora que sabemos quais são as competências e também o grau de importância de cada uma, precisamos conceituar o que é cada competência para que em um processo seletivo as definições contribuam na identificação das competências do candidato pelo selecionador.

Veja a seguir como essas conceituações, de acordo com Bergamini (2010), poderiam ficar no exemplo do nosso analista de Recursos Humanos.

- **Agilidade** - capacidade de manter um ritmo ágil ao executar tarefas que envolvam pressão de tempo.
- **Organização** - capacidade de concatenar e ordenar de forma sistemática e metódica os processos necessários para atingir os objetivos propostos.
- **Negociação** - capacidade de posicionar-se com segurança e serenidade diante de fatos e situações, de forma a obter os resultados desejados.
- **Atenção** - capacidade de concentrar-se na execução de tarefas, observando sistematicamente a qualidade dos trabalhos executados, de forma a raramente cometer erros.
- **Flexibilidade:** capacidade de adaptar atitudes e comportamentos a situações diversas, recebendo e aceitando as reformulações que se fizerem necessárias.
- **Planejamento** - capacidade de prever, de forma estratégica, o curso de uma ação, usando métodos e técnicas específicas e objetivando a consecução dos resultados esperados.
- **Criatividade** - capacidade de imaginar soluções novas e adequadas, apresentando contribuições e respostas originais, sem deixar de manter o foco nos objetivos da tarefa.

Planejamento da entrevista

De acordo com Pereira (2013), improvisos não funcionam em uma entrevista de qualidade e para que isso não aconteça é preciso que haja planejamento. Sendo assim, vamos aprender a fazer um planejamento para uma entrevista comportamental?

Passo a passo para um planejamento

1. O aquecimento ou *rapport*: momento informal que antecede a entrevista. É aquele primeiro contato "visual" com o candidato onde há apresentação do entrevistador para o candidato e podemos conversar sobre assuntos mais amenos para "quebrar o gelo" (clima do dia, trânsito, atualidades etc.) e deixar o candidato tranquilo e com condição para agir com naturalidade. Lembrem-se de que nervosismo e situações constrangedoras só interferem na avaliação do entrevistador.

2. A elaboração das perguntas da entrevista comportamental: como já explicado anteriormente, a entrevista comportamental visa identificar as competências do candidato por meio de avaliações do comportamento passado, pois é considerado que informações sobre o passado poderão dar dicas sobre o comportamento do candidato no futuro. Por isso, o entrevistador precisa levantar informações sobre situações que o candidato viveu, sobre a forma como ele lidou com essa situação e quais foram os resultados obtidos. (KOLB, 1978). Portanto, as perguntas precisam:

- Ser claras e objetivas;
- Ser abertas e específicas;
- Ter foco em competências;
- Usar o verbo de ação no passado;
- Investigar como aconteceu determinada ação.

Veja alguns exemplos de perguntas de uma entrevista comportamental:

- **Para identificar a competência de administração de conflito**: descreva-me uma situação em que você entrou em conflito com um colega de trabalho e como **administrou** essa situação?

- **Para identificar a competência de flexibilidade**: descreva uma situação em que você **assumiu** responsabilidade por uma tarefa que não fazia parte de suas atribuições e por quê?

- **Para identificar a competência de criatividade:** conte-me sobre um grande problema que você **ajudou** a solucionar, no qual suas ideias foram bem aproveitadas e valorizadas.
- **Para identificar a competência de planejamento:** quais os principais investimentos que você **fez** em sua carreira profissional?
- **Para identificar a competência de negociação:** conte-me sobre a negociação mais importante e com melhor resultado que você já **obteve**.

É muito importante que o entrevistador "insista" em receber a resposta completa, ou seja, uma resposta em que fique claro **qual foi a situação**, a **ação do candidato** e os **resultados obtidos**. Só assim será possível avaliar o comportamento e, consequentemente, a competência do mesmo.

3. Fechamento da entrevista: no período final da entrevista, podem ser feitas perguntas ou comentários para deixar claro para o entrevistado que a entrevista está chegando ao fim, pois cabe ao entrevistador o controle do tempo e a sintetização dos assuntos, caso o profissional se estenda muito. (BUENO, 1995). No entanto, é importante que o encerramento da entrevista seja descontraído e até mesmo informal, além do que, é de responsabilidade do entrevistador comprometer-se em dar um retorno (favorável ou desfavorável) sobre o resultado do processo. O retorno pode ser dado por telefone (normalmente em situações favoráveis para o candidato) ou por *e-mail* (normalmente em situações desfavoráveis para o candidato) agradecendo a participação, informando que outra pessoa foi escolhida e comunicando que os dados do candidato poderão permanecer no banco de dados da empresa para vagas futuras.

Comportamento do entrevistador

Obviamente, para que a técnica de entrevista comportamental seja bem utilizada, é necessário que o entrevistador possua características essenciais para conduzir o processo, como ressalta Pereira (2013):

- Respeito e interesse pelas pessoas
- Ausência de postura dominadora

- Ausência de preconceitos
- Calor humano, simpatia e bom humor
- Alto nível de energia
- Capacidade de suportar pressões
- Saber ouvir
- Experiência no trato com as pessoas
- Maturidade
- Uniformidade no julgamento
- Equilíbrio/neutralidade
- Bom controle sobre as próprias reações
- Visão global
- Senso de relevância
- Entusiasmo pelo trabalho
- Perspicácia

Conclusão

Conhecer as especificidades da entrevista comportamental é fundamental para o sucesso da aplicação da técnica e estar alinhado a uma boa preparação assegura que o entrevistador tenha uma excelente atuação no processo com um todo. Ou seja, conhecendo as características que o entrevistador precisa ter e considerando que a técnica será bem utilizada, é possível identificarmos as competências requeridas para uma determinada função e, consequentemente, reduzir o erro possível que existe em qualquer processo de recrutamento e seleção de um profissional.

REFERÊNCIAS BIBLIOGRÁFICAS

BERGAMINI, C. W.; BERALDO, D. G. R. **Avaliação de desempenho humano na empresa**. 4. ed. reimp. São Paulo: Atlas, 2010.

BUENO, J. H. **Manual do Selecionador de Pessoal: do Planejamento à Ação**. São Paulo: LTR, 1995.

CARVALHO, I. M. V.; PASSOS, A. E. V. M.; SARAIVA, S. B. C. **Recrutamento e seleção por competências**. Rio de Janeiro: Editora FGV, 2008.

DUTRA, J. S. **Competências: conceitos e instrumentos para a gestão de pessoas na empresa moderna**. 1a. ed. 10. reimp. São Paulo: Atlas, 2012.

KOLB, D. A. e cols. **Psicologia Organizacional: uma abordagem vivencial**. São Paulo: Editora Atlas, 1978.

PEREIRA, A. L. **Entrevista Comportamental na Seleção por Múltiplas Competências**. Soluções em Recursos Humanos. São Paulo, 2013.

Prezado leitor,

Você é a razão de esta obra existir, nada mais importante que sua opinião.

Conto com sua contribuição para melhorar ainda mais nossos livros.

Ao final da leitura acesse uma de nossas mídias sociais e deixe suas sugestões, críticas ou elogios.

WhatsApp: (11) 95967-9456
Facebook: Editora Leader
Instagram: editoraleader
Twitter: @EditoraLeader

Editora **Leader**.